신기한
알 사전

마르케타 노바코바, 에바 바르토바, 블란카 세들라코바 글
마테이 일치크 그림 | 신소희 옮김

북스토리

머리말

알에는 생명의 씨앗이 들어 있어요. 알에서 무엇이 나올까요? 아직 눈도 못 뜬 아기 새? 깃털이 난 채로 알에서 나와 곧바로 일어서고 어디든 아장아장 아빠를 따라다니는 타조? 아니면 문어, 줄무늬 악어, 올챙이, 오리너구리일까요?

알은 하얀색일 수도, 선명한 초록색일 수도 있어요. 점박이거나 얼룩무늬, 알록달록 어지러운 줄무늬가 있을지도 몰라요.

알의 모양도 다양해요. 물총새와 거북이는 동그란 알을 낳지만 키위는 길쭉한 타원형 알을, 펭귄은 서양 배처럼 아래쪽이 펑퍼짐한 알을 낳아요. 물고기와 곤충의 알은 아주아주 작지만, 타조는 세상에서 가장 큰 알을 낳는답니다!

← 이 페이지에 나오는 동물의 실제 알 크기를 표시했어요. 크기가 너무 작은 알은 확대해서 표시하되 몇 배로 확대했는지 옆에 적어 놓았어요.

안내

 이 페이지에 나오는 동물이 낳는 알의 개수예요.

 알이 깨어날 때까지 걸리는 시간이에요.

 알의 크기는 얼마나 될까요?

 알을 돌보고 품는 역할은 누가 할까요?

다양한 곳에서 알을 발견할 수 있어요. 쐐기풀 아래, 땅에 파인 구멍, 완벽한 육각형 벌집, 나무에 매달린 새집, 닭장 안, 절벽 위, 심해나 먼 바다에서도요. 알을 둥지에 놔두면 위험할까 봐 어디든 들고 다니는 동물도 있지요.

동물들은 알을 지키기 위해 많은 희생을 해요. 알을 최대한 따스하고 안전한 곳에 보관하고 규칙적으로 뒤집어 주곤 하지요. 알이 깨어날 때까지 아무것도 먹지 않거나, 심지어 소중한 자기 목숨까지 희생해 가며 알을 지키기도 해요.

차례

불개미 4
붉은제독나비 6
칠성무당벌레 8
꿀벌 10
잉어 12
산파개구리 14
풀잎해룡 16
영원 18
에스카르고달팽이 20
대왕문어 22
사탕벌새 24
짧은코가시두더지 26
오리너구리 28
유럽박새 30
물총새 32
뻐꾸기 34
메추라기 36
까막딱따구리 38
푸른바다거북 40
닭 42
미시시피악어 44
검독수리 46
바다오리 48
코모도왕도마뱀 50
임금펭귄 52
혹고니 54
나그네앨버트로스 56
남섬갈색키위 58
큰화식조 60
타조 62

불개미
Formica rufa

← 개미알

개미는 자기 몸무게의 50배를 나를 수 있어요.

← 왕개미는 새로운 자재를 가져와서 개미집의 낡은 부분을 교체해요.

40×

개미집은 언뜻 보면 평범한 솔잎 무더기 같아요. 하지만 안쪽을 헤집어 보면 그 아래 얼마나 많은 것들이 있는지 놀랄 걸요! 개미집은 통로, 복도, 방으로 가득한 공간이랍니다. 게다가 땅 위가 끝이 아니에요. 중요한 건 땅속에 있는 부분이지요. 개미집의 깊이는 지하 2미터에 이르기도 하거든요. 알을 넣어 두는 방도 있어요. 개미알은 하얗고 길쭉한 타원형인데 아주 작아요. 커 봤자 개미 몸집의 10퍼센트 정도죠.

- 하루에 30개
- 2~6주
- 길이 - 0.7밀리미터
- ♀♂ 보모 개미

개미집엔 누가 살까요?

모든 개미는 나름의 역할이 있어요. 보모 개미는 알에서 가장 먼저 나와 다른 알과 애벌레를 보살핍니다. 그다음에는 일개미가 알에서 나와 개미집을 지키고 먹이를 구해 와요. 일개미 중에서도 특별히 더듬이가 긴 개미는 병정개미가 돼요. 이들은 모두 암컷이랍니다. 수개미도 태어나지만, 이들의 역할은 여왕개미와 혼인 비행을 떠나는 것뿐이에요. 이들은 비행이 끝나면 생명을 다하지요.

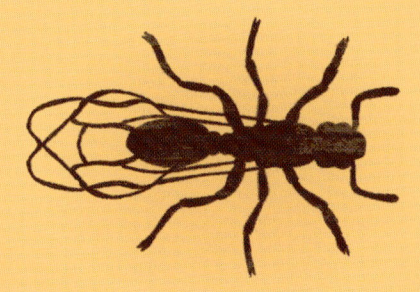

날개 달린 수개미

알 무더기

흰 타원형 알은 무더기로 모아서 개미집 안쪽에 있는 특별한 방에 보관해요. 알은 표면이 끈적끈적해서 일개미가 들고 옮기기 편하지요. 일개미는 끈적끈적한 알 무더기를 통째로 들어 올려 한꺼번에 옮겨 놓는답니다.

알이 개미가 되기까지

여왕개미의 역할은 명령을 내리거나 개미집을 다스리는 것이 아니라 개미 무리의 다음 세대를 만드는 일이에요. 그 무리에서 알을 낳을 수 있는 유일한 개미거든요. 알은 보모 개미가 돌봐요. 알을 쌓아서 무더기를 이루어 방에 옮긴 뒤 먼지를 털고 핥아서 습도를 적당히 유지해 줘요. 그러다 보면 알에서 애벌레가 나와요. 알은 따뜻하게 해 주면 되지만, 애벌레는 식욕이 엄청나기 때문에 일개미들이 계속 바쁘게 먹이를 가져다줘야 해요. 애벌레가 자기 몸을 감싸는 고치를 만들어 번데기가 되면, 보모는 번데기를 개미집 위쪽에 있는 가장 따뜻한 방으로 옮겨요. 얼마 지나지 않아 또 다른 일개미가 탄생할 거예요.

30도에서 40도 사이로 온도가 유지돼요.

나무 그루터기는 → 보통 개미집 중간에 있어요.

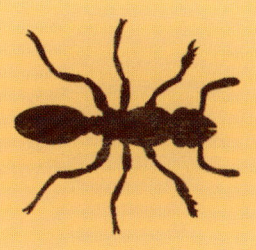

병정개미

일개미

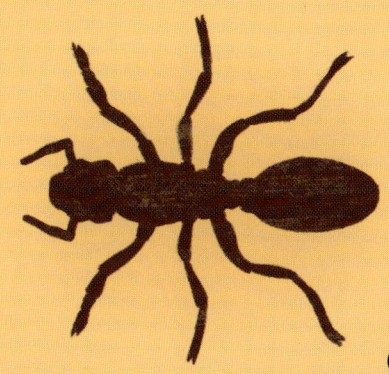

여왕개미

붉은제독나비
Vanessa atalanta

🥚🥚🥚	1년에 2번 100개씩
🥚	일주일
🥚	길이 - 0.8밀리미터
♀♂	없음

🔍 40×

네발나빗과에 속하는 이 나비는 장거리를 이동하는 나비 중에서도 특별합니다. 생김새도 그만큼 특이하지요. 흰 점박이 무늬와 붉은 테두리로 장식된 검은색 날개가 그야말로 우아하고 고상해 보이거든요. 붉은제독나비는 아프리카에서 출발한 뒤 길고 위험한 여정을 거쳐 유럽에 도착한 다음 알을 낳지요. 초록색 알은 세로로 줄무늬가 파여 있어서 조그마한 술통처럼 생겼어요. 1밀리미터도 안 되니까 정말 조그마한 알이지요! 알 가운데에 구멍이 나 있어서 외부 공기를 호흡할 수도 있답니다. 바로 이 구멍을 통해 애벌레가 세상에 나와요.

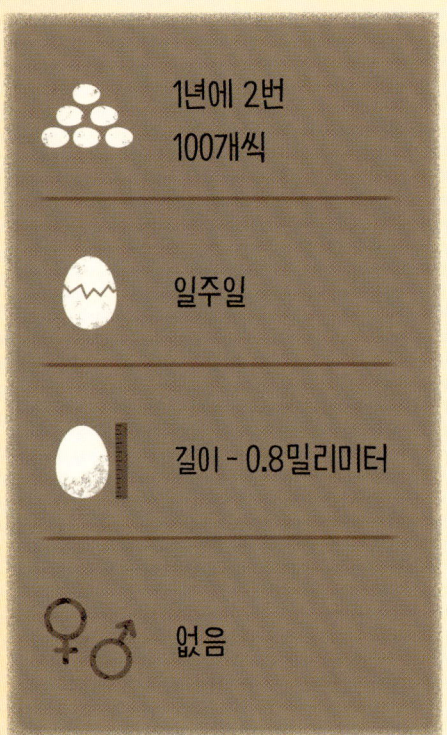

쐐기풀 잎과 → 구분하기 어려운 초록색 알

나비의 한살이

세로줄 무늬 알

등에 가시가 난 애벌레

회갈색 번데기

성충

생애 주기

세상에서 일어나는 경이로운 현상 중 하나는 초라한 번데기 안에서 벌어지는 일이에요. 밋밋한 색 애벌레가 눈부시게 아름다운 나비로 변하니까요. 허물을 마지막 한 겹까지 벗고 나면 새로운 붉은제독나비가 탄생해요. 세상에 나오면 우선 구겨진 날개를 완전히 펴서 말릴 수 있도록 조용한 곳을 찾아야 하지요. 성충이 된 붉은제독나비는 늦여름에 과수원이나 정원에서 무르익어 썩어 가는 과일을 찾아다니는데, 특히 배를 즐겨 먹어요. 그러다 보면 어느새 따뜻한 곳으로 떠나야 하는 계절이 와요.

매끄러운 표면에 세로줄이 난 알

쐐기풀 만찬

붉은제독나비는 특이하게도 번식기를 제외하면 혼자 있기를 좋아해요. 게다가 다른 나비처럼 한자리에 알을 여러 개 낳지 않고 하나씩 따로따로 낳지요. 알 하나는 쐐기풀 잎 한 장을 독차지하게 돼요. 알에서 나온 애벌레는 차려진 상 한가운데에서 태어나는 셈이지요. 알록달록한 애벌레는 바로 쐐기풀이나 엉겅퀴 잎을 먹어 치우기 시작하고, 쑥쑥 자라면서 몸 색깔을 바꾸어 가요. 그러다가 때가 되면 고치를 만들어 잎 위에 매달리거나 잎 안쪽에 숨어들지요.

네발나빗과 종류

네발나빗과 성충은 사는 곳에 따라 뚜렷이 구분돼요. 중앙 유럽의 초원부터 남미의 열대 우림까지 다양한 곳에 사는데, 어디에서든 눈에 뜨이게 아름다운 나비랍니다.

북방거꾸로여덟팔나비

남방씨알붐나비

푸른모르포나비

공작나비

칠성무당벌레
Coccinella septempunctata

알에서 나온
칠성무당벌레
↓

점박이 귀염둥이

칠성무당벌레를 자세히 살펴보세요. 날아다닐 때가 아니라 풀잎에 앉아 있을 때 말예요. 앗, 무당벌레가 움직이네요. 반짝이는 붉은 날개에 점이 7개 있어요. 하지만 조심해야 해요. 무당벌레는 다리 관절에서 쓰고 노랗고 악취가 풍기는 물방울을 내뿜거든요. 새와 같은 덩치 큰 적들에게서 자신을 지키기 위해서지요. 크기가 8밀리미터밖에 안 되는 아주 작은 생물이니까요. 무당벌레의 알은 더 작지만 눈에는 잘 뜨인답니다.

40×

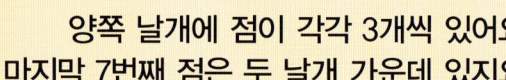

양쪽 날개에 점이 각각 3개씩 있어요. →
마지막 7번째 점은 두 날개 가운데 있지요.

무당벌레의 종류

전 세계에 사는 무당벌레는
거의 5천종이나 돼요. 사는 곳만큼 생김새도
제각각 다양하지요. 점이 2개뿐인 종류부터
점이 22개나 난 종류도 있답니다.

유럽무당벌레

큰꼬마남생이무당벌레

	최대 200~500개
	기온에 따라 다르지만 3일 정도
	길이 - 1밀리미터
	없음

구조대

무당벌레 애벌레는 유익한 곤충이에요. 진딧물로부터 식물을 지켜 주거든요. 무당벌레는 항상 진딧물이 있는 곳에 알을 낳아요. 애벌레가 알에서 나오자마자 먹이를 구할 수 있게요. 애벌레가 성충이 되기까지 4주 정도 걸리는데, 그동안 애벌레 1마리가 거의 진딧물 600마리를 잡아먹지요! 나비가 그렇듯 무당벌레 애벌레도 몇 주가 지나면 고치를 만들어요. 얼마 뒤에는 검은 점이 난 빨간 벌레가 고치 밖으로 나오지요. 갓 나온 무당벌레는 유난히 붉고 반짝거리지만, 겨울을 한 번 지내고 나면 주황색에 가까워져요.

← 칠성무당벌레 애벌레

노란색 알

잎을 뒤집어 보면 노랗고 길쭉한 알이 무더기로 달라붙어 있어요. 때에 따라서는 200개씩 무더기를 이루기도 하지요. 날씨가 따뜻할수록 애벌레가 알에서 빨리 나온답니다. 알에서 나온 애벌레는 무당벌레 성충과 전혀 다르게 생겼어요. 몸이 청회색이고 점도 8개나 있거든요.

밝은 노란색 ↓   잎에 달라붙은 타원형 알 ↓

무당벌레

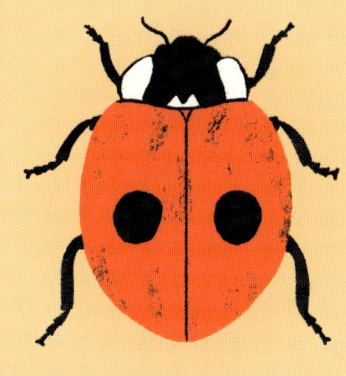
두점무당벌레

애홍점무당벌레

꿀벌
Apis mellifera

꽃이 만발한 초원에 나무 벌통이 있어요. 벌 떼가 유쾌하게 윙윙대며 날아다녀요. 당연한 일이지요. 벌통 하나에만 벌 수천 마리가 사니까요! 벌마다 각자 맡은 역할이 있어요. 벌통이 제대로 돌아가고 여왕벌이 알을 낳아 다음 세대를 생산하는 중요한 임무를 다할 수 있도록 마지막 한 마리까지 노력하죠. 여왕벌이 알을 많이 낳을수록 알 크기는 작아져요.

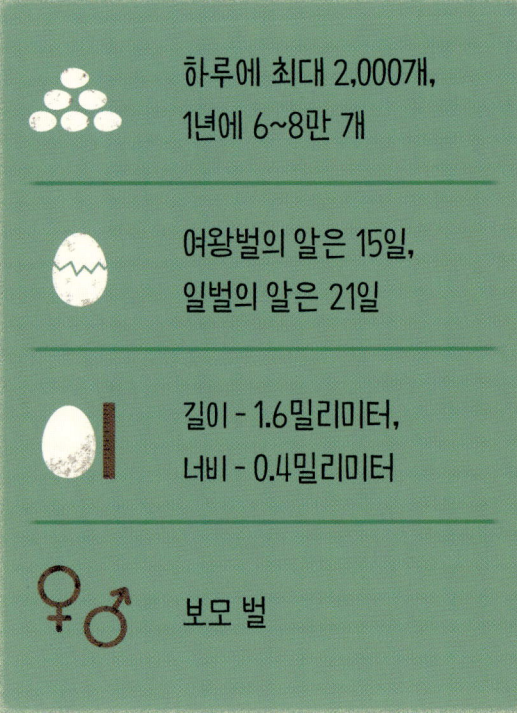

하루에 최대 2,000개, 1년에 6~8만 개

여왕벌의 알은 15일, 일벌의 알은 21일

길이 - 1.6밀리미터, 너비 - 0.4밀리미터

보모 벌

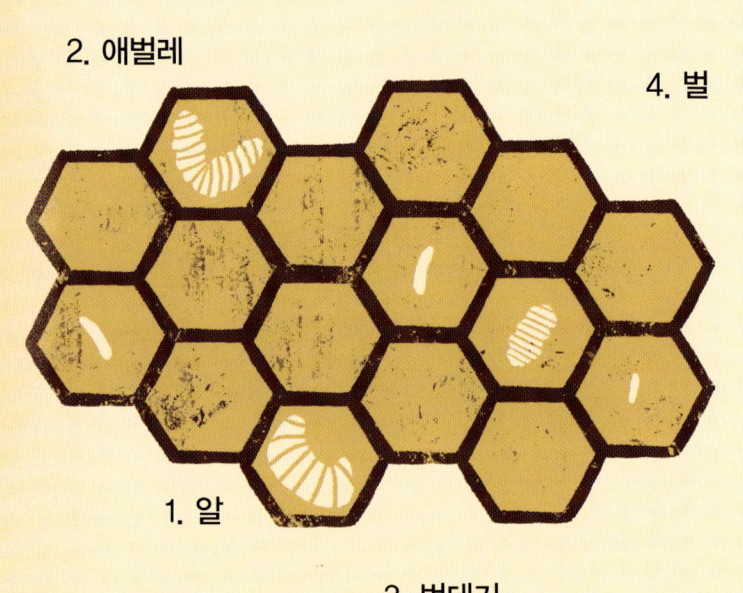

2. 애벌레
4. 벌
1. 알
3. 번데기

40×

탈바꿈

알에서 나온 애벌레는 보모 벌에게 먹이를 받아먹어요. 첫 사흘은 일벌들이 분비하는 로열젤리를, 그 뒤로는 꽃가루와 꿀의 혼합물을 먹지요. 애벌레가 번데기로 변하면 벌집 칸이 밀봉돼요. 며칠 뒤에는 벌 성충이 밀봉을 뚫고 밖으로 나오지요.

벌의 위계

벌집 하나는 여왕벌, 즉 어미 벌 1마리와 일벌, 수벌로 이루어져 있어요. 여왕벌은 유일하게 알을 낳을 수 있기 때문에 벌집에 없으면 안 되는 존재지요. 하지만 평생 로열젤리를 만들어 먹여 주는 일벌이 없으면 여왕벌도 살아남을 수 없답니다. 여왕벌의 수명은 5년이에요.

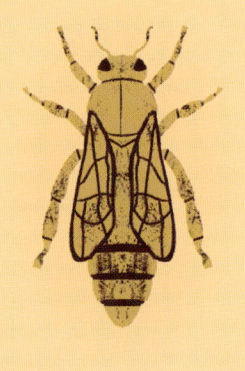
여왕벌

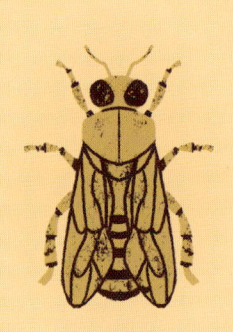
수벌

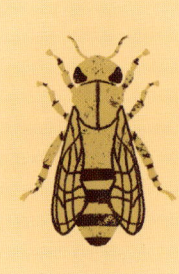
일벌

벌집 안

벌들은 정원, 나무나 밀짚으로 만든 벌통, 숲속 공터의 알록달록한 이동 주택에서도 잘 지낼 수 있어요. 주변에 꽃만 많이 피어 있다면 말이죠. 벌에게 가장 쾌적한 실내 온도는 33~36도예요.

알에서 벌까지

벌집 칸은 조용해서 알이 부화하기 좋은 장소예요. 28시간에서 144시간이 지나면 알에서 흰 구더기와 비슷하게 생긴 애벌레가 나와요. 애벌레는 나흘에서 일주일 동안 벌집 안에서 로열젤리를 먹으며 자라요. 애벌레가 번데기로 변하면 보모 벌이 벌집 칸의 입구를 밀봉하고, 1~2주 뒤에는 다 자란 벌이 밖으로 나와요.

↑ 벌 한 마리는 온종일 꽃 수백 송이를 찾아가요.

↑ 여왕벌은 육각형 벌집 칸마다 하나씩 알을 낳아요.

여왕벌

여왕벌은 다른 벌과 전혀 다른 생활을 해요. 다른 벌보다 몸집이 크지만 풀밭을 날아다니지 않고 평생을 벌집 안에서만 지내요. 일벌들이 육각형 칸을 만들어 놓으면 여왕벌이 그 안에 꽁무니를 넣고 하나씩 알을 낳지요. 알은 하얗고 타원형인데 아주아주 작아요. 일단 알을 낳고 나면 여왕벌은 관심을 끊는답니다. 그렇게 알을 많이 낳는데 어떻게 일일이 관심을 기울이겠어요? 그 대신 보모 벌들이 알을 돌봐요.

잉어
Cyprinus carpio

비늘잉어, 향어, 라인잉어, 비단잉어 등은 모두 잉엇과에 속하는 물고기예요. 잉어는 세계에서 가장 잘 알려진 민물고기지요. 맑고 따뜻한 강바닥에 사는 걸 좋아하지만, 성격이 그렇게 까다롭지는 않아서 다른 곳에서도 나름대로 적응할 수 있어요. 암컷 잉어는 한 번에 엄청나게 많은 알을 낳을 수 있답니다. 작고 동그란 잉어알은 다른 생선알처럼 '어란'이라는 식재료로 쓰여요.

- 1년에 백만 개를 여러 번 나누어 낳음
- 3~5일
- 길이 - 평균 1~2밀리미터
- ♀♂ 없음

잉어의 산란

잉어 산부인과는 일 년에 한 번, 5월에서 6월까지 열려요. 암컷은 한 번에 황록색 알을 수백 개에서 수천 개 낳는데, 일 년에 백만 개까지 알을 낳기도 한답니다. 암컷이 강바닥에 낳은 알은 투명하고 끈적끈적해서 수생 식물에 달라붙게 되지요. 암컷과 수컷 잉어가 만나 알을 수정시키는 행위를 '산란'이라고 해요. 산란은 보통 아침에 일어나는데, 산란하는 동안은 펄떡이는 잉어 떼가 수면을 온통 뒤덮어요.

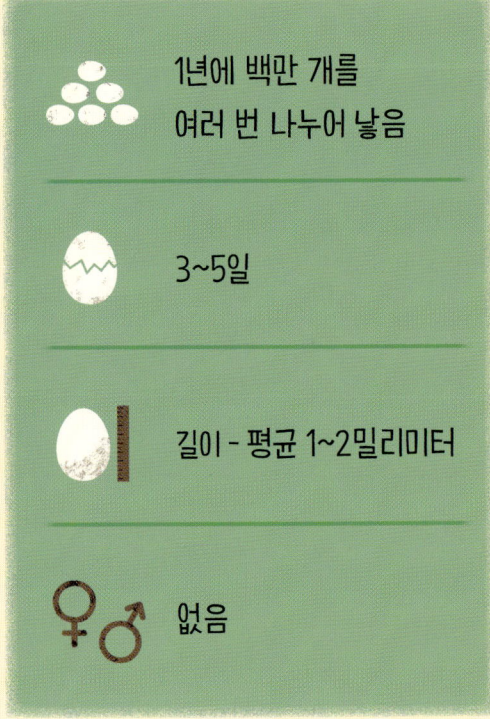

잉어는 잡식 동물이지만 지렁이, 벌레, 곤충, 작은 물고기, 빵, 감자를 즐겨 먹어요.
↓

서식지

잉어의 고향은 서유럽, 흑해, 카스피해, 아랄해예요. 하지만 오늘날은 전 세계 어디서나 잉어를 볼 수 있지요.

수컷 잉어

수컷은 물속 알 옆에 정액을 뿜어요. 물속에서 알과 정액이 섞이면 새끼 잉어가 태어날 가능성이 생기지요. 하지만 알을 이렇게 많이 낳아도 실제로 태어나는 새끼 잉어는 많지 않아요. 잉어알은 물속에 사는 다른 동물에게 맛있는 먹이가 되기 때문이죠. 부화에 걸리는 시간은 물 온도에 따라 다르지만 보통 며칠이면 충분해요. 사흘 뒤 알에서 나온 새끼 잉어는 아직 부레 안에 공기가 없어서 강바닥에 가라앉아 버려요. 하지만 헤엄을 칠 수 있게 되면 바로 고향을 향해 떠나지요.

↑ 수생 식물에 달라붙은 잉어알

잉어의 종류

원래 잉어는 몸이 가늘고 구불구불한 물고기였어요. 하지만 더 살이 많고 화려한 품종을 만들기 위해 인공으로 사육과 번식을 했기 때문에 체형이 변했지요.

사잔잉어

비단잉어

비늘잉어

비단잉어

산파개구리
Alytes obstetricans

 1년에 50개 이상의 알 무더기 넷

 3~6주

 지름 - 2.2~4.9밀리미터

 수컷이 알 무더기를 지니고 다녀요.

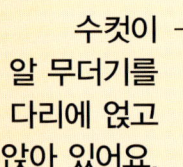

겉모습은 평범해 보이지만 알을 무척 정성스럽게 보살펴서 산파개구리라는 이름을 붙였어요. 길이가 5센티미터밖에 되지 않는 회갈색 몸에 배는 노르스름해요. 양서류 중에서도 특히 작고 깜찍한 친구지요. 두꺼비와 개구리의 중간쯤이라서 두꺼비와 비슷하게 몸에 오돌토돌한 돌기가 나 있어요. 흥미롭게도 암컷이 아니라 수컷이 항상 알을 돌본답니다.

알 무더기는 화려한 노란색이에요.
↓

← 수컷이 알 무더기를 다리에 얹고 앉아 있어요.

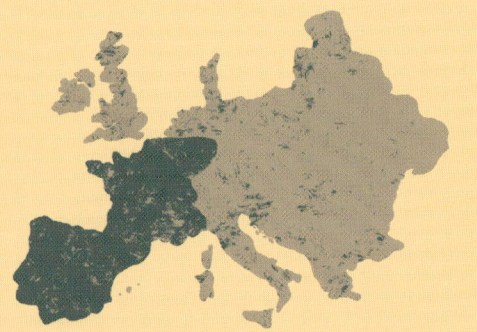

서식지
남서부 유럽에 가장 많지만 중부 유럽의 일부 지역과 모로코에서도 볼 수 있어요.

개구리의 합창

산파개구리는 정원이나 숲에서 사는 것을 좋아하지만 번식기에는 물속으로 들어가요. 수컷이 울음소리로 암컷을 유혹하여 숨어 있던 동굴에서 나오게 하지요. 수컷이 높고 새된 소리를 내야 암컷을 제대로 유혹할 수 있어요. 암컷은 노랗고 둥근 알을 낳는데, 몸집이 작은 개구리치고는 꽤 큰 알이랍니다. 수컷은 긴 띠처럼 이어진 알 무더기를 몇 주 동안 뒷다리에 둘러서 갖고 다니며 돌봐요. 가끔은 두 암컷이 낳은 알을 한꺼번에 가지고 다니기도 합니다.

개구리의 한살이

물속에서 부화한 올챙이가 성숙하기까지는 시간이 걸려요. 개구리가 될 때까지 1년이 걸릴 수도 있지요. 겨울이 지나면 올챙이는 물속 보금자리를 떠나 육지에서 살아갈 준비를 한답니다. 숲, 정원, 돌무더기, 바위 속에 숨겨진 틈새와 은신처를 오가면서요.

알 무더기

올챙이

다리가 난 올챙이

개구리 성체

알과 습도

수컷은 알을 축축하게 유지하려고 항상 주의를 기울입니다. 필요한 경우엔 알 무더기를 물에 담그기도 해요. 알이 말라 버리지 않는 게 중요하거든요. 계속 육지에 머물면서 어디를 가든 알을 지니고 다니지만, 올챙이가 나올 때가 되면 알 무더기를 물속에 내려놓아요.

← 마요르카 산파개구리

↑ 이베리아 산파개구리

풀잎해룡
Phyllopteryx taeniolatus

풀잎해룡은 해마의 사촌뻘인 아주 독특한 동물이에요. 해저에서 해초, 조류, 알록달록한 해양 진균 사이를 유유히 떠다니지요. 풀잎해룡은 해초와 비슷하게 생겼기 때문에 해저 식물을 은신처로 삼을 수 있어요. 지금은 풀잎해룡이 특별히 조심해야 하는 시기예요. 몇 주 뒤면 아빠가 될 예정이니까요! 알을 보살피는 일은 수컷만의 역할이거든요.

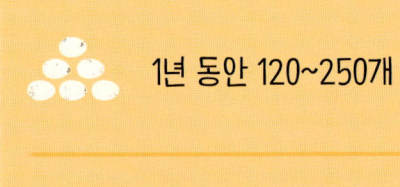
1년 동안 120~250개

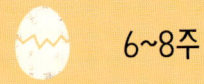
6~8주

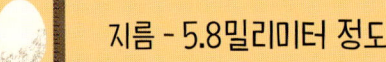
지름 - 5.8밀리미터 정도

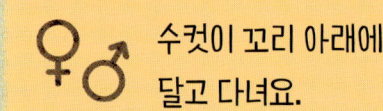
수컷이 꼬리 아래에 달고 다녀요.

지느러미가 해초 이파리와 똑같이 생겼어요.

알이 꼬리 아래 붙어 있어요.

꼬리
풀잎해룡은 다른 해마와 달리 꼬리를 둥글게 말 수 없어요.

새끼가 태어났어요

수컷은 거의 2달 동안 알 하나하나를 세심하게 지켜요. 6주에서 8주 정도 지나면 배에 노른자 같은 주머니를 단 작은 새끼가 알에서 나와요. 크기가 45센티미터나 되고 알록달록한 부모와 달리 파도에 휩쓸려 갈 만큼 작고 색도 밋밋해서 티끌처럼 보인답니다. 이젠 새끼들이 알아서 살아가야 해요. 혼자서 움직이고 먹이도 알아서 구해야 하지요. 아빠의 역할은 새끼들이 부화해서 헤엄쳐 가는 걸로 끝났으니까요.

다양한 빛깔의 친척들

해마와 해룡, 그 밖의 화사한 실고기 종류는 모두 실고깃과에 속한답니다. 그중에서도 위장술의 일인자는 역시 나뭇잎해룡이지요.

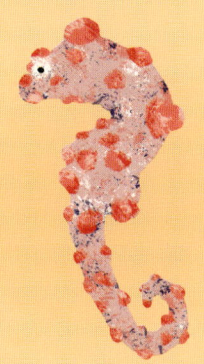

피그미해마

→ 눈에 뜨이지 않는 색

↑ 해초 속에 숨어 있어요.

나뭇잎해룡

푸른줄무늬실고기

분홍빛 보물

풀잎해룡이 항상 알을 갖고 다니는 이유는 굶주린 포식자가 알을 먹는 일을 막기 위해서예요. 바다엔 포식자가 정말 많거든요! 풀잎해룡이 짝짓기를 하면 작은 연분홍빛 알들이 수컷의 몸에 달라붙어요. 풀잎해룡은 다른 해마와 달리 부화할 때까지 알을 넣고 다니는 주머니가 없지만, 꼬리 아래에 쪼글쪼글하게 주름진 곳이 있어서 짝짓기 즉시 끈적끈적한 알이 달라붙게 돼요. 물론 알이 정확히 그 자리에 붙으려면 암컷이 도와주어야 하지만요.

빅벨리해마

영원
Lissotriton vulgaris

얼룩무늬 멋쟁이

영원은 땅 위에선 알아보기 어려워요. 몸집이 작고 색이 수수해서 눈에 뜨이지 않으니까요. 하지만 짝짓기 철인 봄이 오면 상황이 달라져요. 영원이 구애 의식과 약혼식 춤을 위해 물속으로 들어가면 수컷의 등뼈와 꼬리를 따라 길고 구불구불한 볏이 돋아나거든요. 게다가 몸도 갑자기 알록달록한 색으로 변한답니다. 수수한 빛깔의 암컷에게 멋지게 보여 사랑받기 위해서지요.

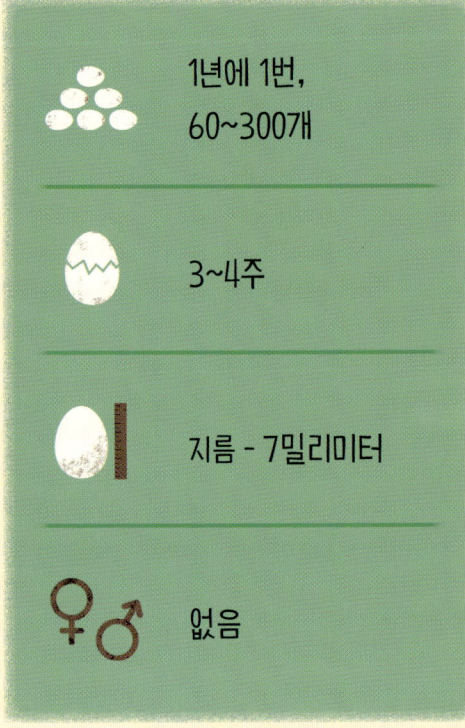

1년에 1번, 60~300개

3~4주

지름 - 7밀리미터

없음

결혼 예복 차림인 수컷 ↓

구불구불한 볏 ↓

↑ 물속에서 작은 물고기처럼 움직여요.

물속 아기 용

영원이 알을 낳고 잎으로 감싸 두면 바로 유생 단계가 시작돼요. 물의 온도에 따라 20일에서 28일쯤 걸리죠. 막바지에는 가느다란 눈까지 성체와 똑같이 생긴 유생의 몸이 알의 노른자 주머니에 가득 찰 만큼 자란답니다. 그 뒤에 갑자기 노른자 주머니가 갈라지면서 지느러미까지 완성된 성체가 빠져나와요. 알에서 나온 영원은 물 밑바닥에 가라앉거나 계속 해초 사이를 떠다니지요.

물속에서 추는 춤

강이나 호수가 드문 지역에서는 작은 연못 안에 영원이 우글거릴 수도 있어요. 하지만 영원은 점잖은 동물이에요. 수컷 여럿이 암컷 하나에게 구애할 때도 서로 싸우지 않아요. 물속에서 멋지게 춤을 추기만 하면 암컷에게 깊은 인상을 남길 수 있다는 사실을 알거든요. 암컷 앞에서 꼬리를 파도처럼 휘두르며 저항할 수 없는 특이한 냄새를 뿜어내지요.

영원의 알

구애 의식 며칠 뒤에 암컷은 연한 노란색 알을 낳아요. 하지만 그걸로 끝이 아니랍니다. 투명하고 흐물흐물한 막에 둘러싸인 알을 뒷다리로 수생 식물의 잎에 하나하나 붙여 놓아야 하거든요. 하루에 12개 정도를 붙일 수 있는데, 알이 60개에서 300개까지 된다니 전부 끝내려면 무척 오래 걸리겠지요!

꼬리 달린 양서류

영원이나 도롱뇽은 개구리와 달리 성체가 된 뒤에도 유생과 똑같이 긴 꼬리가 달려 있어요.
종류가 다양해서 점박이 혹은 얼룩무늬가 있기도 하고, 몸이 크고 작거나 독이 있기도 해요.

← 흐물흐물한 막

알 하나하나를 잎으로 감싸요.

← 연노란 알

↑ 밋밋한 색인 암컷

고산영원

라오스사마귀영원

불도롱뇽

붉은도롱뇽

에스카르고달팽이
Helix pomatia

 계절마다 여러 번, 40~65개를 무더기로

 3~4주

 길이 - 6~8밀리미터, 너비 - 7밀리미터

♀♂ 없음

 5×

땅속의 진주

에스카르고달팽이가 이파리를 먹으며 신나게 앞으로 나아가요. 곧 알을 낳게 될 거예요. 네, 맞아요. 달팽이도 알에서 태어나거든요. 하얗고 말랑말랑하고 끈적거려서 무더기로 뭉쳐지는 작고 동그란 알이에요. 달팽이는 구멍을 파고 알을 묻은 다음 자기 갈 길을 간답니다. 진주처럼 생긴 달팽이알은 마치 땅속에 묻어 둔 보물 같아 보여요.

달팽이알
달팽이는 땅속에 젤리처럼 말랑말랑하고 하얀 알을 낳아요.

복족류

에스카르고달팽이에게는 흥미로운 친척이 많아요. 집을 지고 다니지 않는 파란색 민달팽이부터 물속에 사는 달팽이까지 다양하지만 모두 복족류라는 점은 마찬가지예요.

푸른뾰족민달팽이

땅속의 둥지

달팽이는 봄이면 발로 땅에 구멍 여러 개를 파고 구멍마다 65개까지 알을 낳아요. 구멍 파기의 명수라고 해도 되겠지요. 하지만 구멍을 덮어 버리고 나면 딱히 알을 돌보진 않아요. 서너 주가 지나면 땅속 둥지에 있던 알에서 마침내 작고 반짝이는 새끼 달팽이들이 나와요. 달팽이들이 용감하게 흙을 뚫고 땅 위로 올라오는 동안 몸에 달린 연약한 껍데기가 자라나지요. 말 그대로 달팽이 각자의 맞춤형 집인 셈이랍니다.

서식지

에스카르고달팽이는 유럽 전역에서 볼 수 있어요. 동유럽인 우크라이나, 벨라루스, 체코, 폴란드부터 서유럽인 영국, 프랑스까지요. 어떤 나라에선 맛있는 식재료로 여겨지기도 해요.

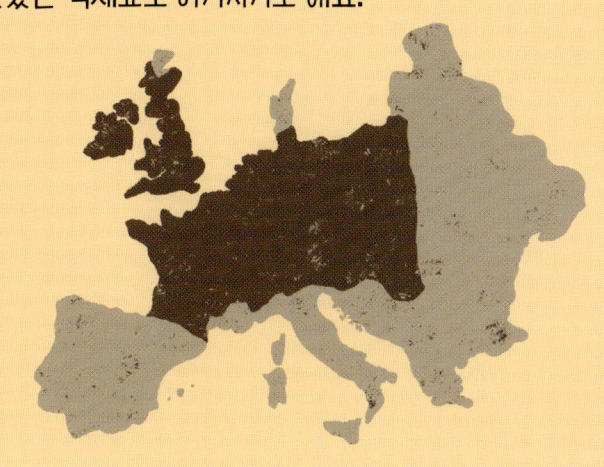

달팽이의 춤

에스카르고달팽이는 암수한몸이에요. 몸의 일부는 암컷이고 일부는 수컷이라는 뜻이지요. 그러면 짝짓기는 어떤 식으로 할까요? 달팽이 두 마리가 만나면 근육질 발과 더듬이를 서로 맞대요. 마치 약혼식 춤을 추는 것처럼 말이지요.

짝짓기를 하는 달팽이 →

서로 발과 더듬이를 맞대고 있어요. ↓

입술대고둥아재비

정원달팽이

물달팽이

대왕문어
Enteroctopus dofleini

알

조용하고 어두컴컴한 바닷속 깊은 곳에는 놀라운 생물의 왕국이 있습니다. 신화와 전설에 자주 등장하는 해양 두족류인 문어도 이곳에 살지요. 문어알 수천 개가 잊힌 보물처럼 해저 곳곳에 숨겨져 있어요. 투명한 풍선처럼 생긴 알 속에는 새 생명의 씨앗이 들어 있답니다.

엄마의 희생

'올해의 동물 엄마 상' 같은 것이 있다면 문어가 유력한 후보 중 하나일 거예요. 반년이 넘도록 알에 다리를 뻗으면 닿을 정도로 가까이 머물면서 해저 동굴에 숨어 지내거든요. 그런 상태로 포식자가 접근하지 못하게 지켜요. 계속 산소가 풍부한 물줄기를 알에 끼얹어 주고 알에 묻은 해초를 닦아 내면서요. 게다가 그동안은 아무것도 먹지 않아요. 하지만 이처럼 헌신적인 돌봄에는 대가가 따르게 마련이지요. 마침내 알에서 새끼 문어가 부화할 때쯤이면 지친 어미 문어는 죽어 버린답니다.

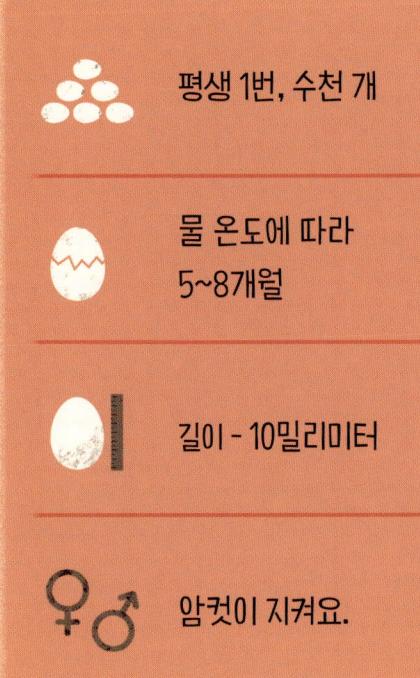

- 평생 1번, 수천 개
- 물 온도에 따라 5~8개월
- 길이 - 10밀리미터
- 암컷이 지켜요.

다 자란 문어는 다리까지의 길이가 4미터, 무게는 70킬로그램에 이를 수도 있어요.

5×

← 눈물방울 모양의 알

↑ 알에서 나온 문어

← 동굴에 무더기로 달린 알

↑ 암컷 문어는 알을 10만 개까지 낳기도 해요!

성장기

알에서 나온 문어는 기껏해야 인간의 손톱만 하지만 결코 무력한 상태는 아니에요. 어미 문어는 새끼들이 최적의 상태로 삶을 시작할 수 있도록 자신의 모든 것을 바쳤지요. 새끼 문어는 알 속에서 긴 시간을 보내며 생존에 필요한 것을 전부 갖춘 채로 세상에 나왔고, 곧바로 작은 먹이를 사냥할 수 있어요. 어미의 완벽한 축소판인 셈이지요.

세계 기록
역사상 가장 큰 문어는 크기가 9.6미터에 무게는 272킬로그램이었어요!

두족류

수면 아래에는 문어의 흥미로운 친척들이 여럿 살고 있어요. 파란고리문어는 반점 무늬가 정말 아름답지만 독이 있답니다! 황제앵무조개, 전설의 대왕오징어, 반짝이는 짧은꼬리오징어는 해저 위를 떠다녀요.

황제앵무조개

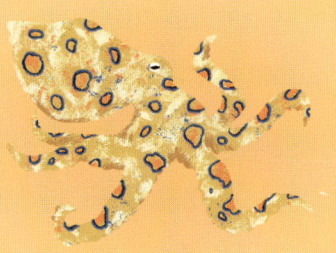

파란고리문어

짧은꼬리오징어

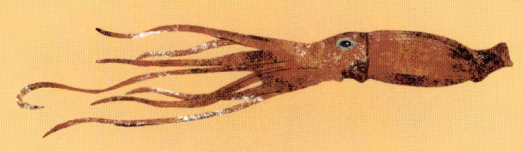

대왕오징어

사탕벌새
Mellisuga helenae

사탕벌새는 새 중에서 가장 작은 알을 낳아요. 벌새 중에서도 유난히 작은 이 새는 세상에서 제일 작은 새로 여겨지기도 한답니다. 하얗고 길쭉한 알은 꼭 사탕처럼 생겼어요. 정확히 말하면 아주아주 작은 알사탕이겠죠. 거의 완두콩만큼 작으니까요.

둥지

암컷은 가느다란 거미줄을 써서 둥지를 지어요. 나뭇가지 사이에 잔가지를 거미줄과 이끼로 엮어 만든 작은 둥지는 소꿉놀이할 때 쓰는 인형 찻잔처럼 생겼지요. 사탕벌새는 둥지 안에 작은 알 2개를 낳은 뒤 20일 정도 따뜻하게 품어요.

사탕벌새 둥지는 빨래집게로 집을 수 있을 만큼 작아요!
↓

1:1

아기 벌새

화려한 색의 수컷이 이 꽃 저 꽃 날아다니는 동안 초록색 몸의 암컷은 혼자 집 안을 돌봐요. 둥지를 짓고 알을 품고 새끼 2마리에게 먹일 만큼 충분한 먹이를 구하지요. 갓 태어난 사탕벌새는 손톱보다 작지만 아주 빨리 성장해서 보통 6센티미터까지 자라요. 어미는 새끼들에게 먹이기 위해 하루에 꽃 1,500송이 분량의 꿀을 모은답니다!

천적

이 커다란 세상에는 작은 벌새의 천적이 너무나 많아요. 벌새가 날아오를 때까지 가만히 기다리거나 위험한 그물을 펼쳐 놓기도 하지요. 조심해요! 벌새에게는 큰 새들 말고도 다양한 천적이 있으니까요.

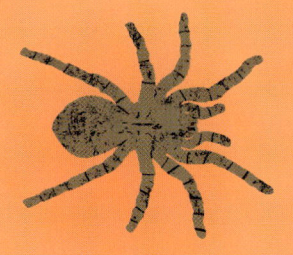

골든그레이버드이터

개구리

← 초록색 깃털과 흰 배

사탕벌새는 → 시속 50킬로미터까지 날 수 있어요.

- 2개
- 14~23일
- 길이 - 10~13밀리미터, 너비 - 6밀리미터
- 암컷 혼자

← 둥지 크기는 가로 2.54센티미터, 세로 2센티미터 정도예요.

암컷과 수컷

짝짓기 철이 되면 수컷은 암컷 앞에서 화려한 깃털을 뽐내요. 머리와 목덜미가 온통 불꽃처럼 붉거나 분홍빛인 깃털로 뒤덮이거든요. 배는 잿빛을 띤 흰색이고 몸통은 청록색이지요. 적당한 각도에서 보면 반짝이는 깃털이 푸른색에서 붉은색까지 다채로운 광채를 띠기도 하는데 마치 자연이 만든 보석 같아요. 암컷은 비교적 수수해서 초록빛 몸에 꽁지만 흰색이에요. 수컷처럼 광채를 띠지는 않고, 짝짓기가 끝나면 몸 색이 더욱 흐려져요.

작은인도몽구스

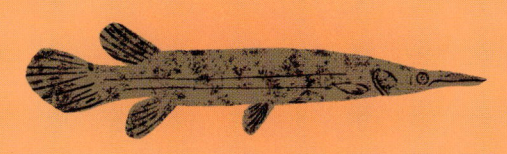

쿠바동갈치

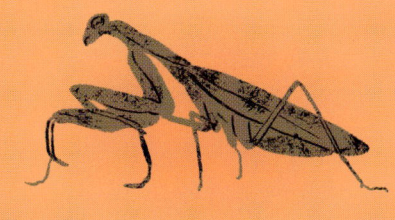

사마귀

짧은코가시두더지
Tachyglossus aculeatus

가시로 뒤덮인 몸, 길쭉한 주둥이, 짧고 억센 다리와 무시무시한 발톱……. 무슨 동물일까요? 맞아요, 가시두더지예요! 오스트레일리아 대륙의 저지대에서 사막, 산꼭대기까지 널리 서식하는 이 신비로운 동물은 굴속에 숨어 적절한 시기를 기다리지요.

가시두더지 성체는 이가 없어요.
↓

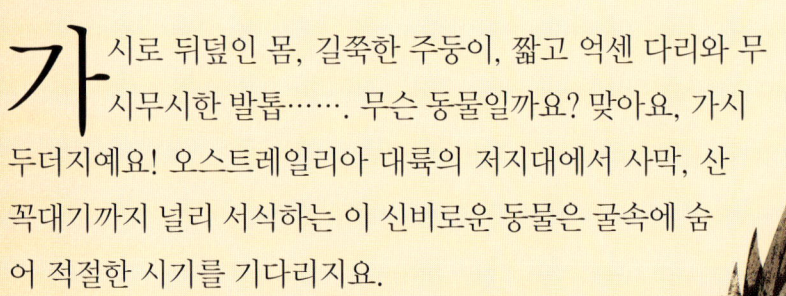

1:1

 1년에 1개

 10일

 길이 - 13~17밀리미터

♀♂ 암컷이 주머니에 넣고 다녀요.

알에서 태어나지만 포유류예요

가시두더지는 오리너구리와 마찬가지로 알에서 태어나는 드문 포유류예요. 가시두더지 알은 개암나무 열매 크기 정도이고 하얗고 말랑말랑해요. 어미는 배에 있는 주머니에 알을 넣고 포근하게 품어요. 열흘 정도 지나면 새끼가 알껍데기를 부수는 기능을 하는 '난치'로 알을 깨고 나와서 곧바로 엄마의 젖을 졸라요.

조심해요!
수컷 가시두더지는 독이 있거든요.

길고 가느다란 혀는 끈적끈적한 침투성이랍니다.

딱 달라붙어 버렸어요!

가시두더지에게 억센 발톱과 긴 혀가 괜히 있는 건 아니에요. 땅속에서 먹이 냄새가 나면 발톱과 혀로 파낼 수 있거든요. 개미, 불개미, 애벌레를 비롯해 무슨 곤충이든 꼼짝없이 잡혀 나오게 마련이지요. 가시두더지의 기다란 혀는 끈적끈적한 침으로 뒤덮여 있어서 먹이를 절대 놓치지 않으니까요.

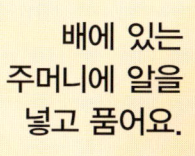

배에 있는 주머니에 알을 넣고 품어요.

주머니 안에서

크기가 2센티미터도 안 되는 새끼 가시두더지의 난치는 알껍데기를 부수고 나오는 순간 역할을 다해요. 그러고 나면 난치를 대신할 젖니가 나오고, 새끼 가시두더지는 어미의 가슴에서 젖을 빨아 먹기 시작하지요. 몸의 가시도 주머니 안에서 이미 돋아나기 시작한답니다. 온몸과 짧은 꼬리가 가시로 뒤덮이게 되면 새끼는 주머니에서 나와 땅 위에 있는 둥지에서 지내야 해요. 생후 7개월까지는 엄마가 며칠에 한 번씩 찾아와서 영양소와 철분이 풍부한 분홍색 젖을 먹여 줘요.

오스트레일리아의 토착 동물

가시두더지, 코알라, 캥거루······ 오스트레일리아 대륙은 다른 어느 곳에서도 찾아볼 수 없는 희한하고 놀라운 동물로 가득해요.

코알라

동부회색캥거루

태즈메이니아데빌

유대하늘다람쥐

오리너구리
Ornithorhynchus anatinus

무게 – 1킬로그램에서 2.5킬로그램
크기 – 60센티미터
↓

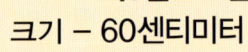

조심해요!
수컷 오리너구리의 뒷발 발톱에서는 독이 나와요.

1:1

오리너구리의 주둥이

오리너구리는 민감한 주둥이로 자신의 위치를 파악하고 시냇가, 강가, 호숫가에서 먹이를 찾을 수 있어요. 오리너구리가 가장 좋아하는 먹이는 무엇일까요?

갑각류

곤충의 애벌레

지렁이

오스트레일리아에는 가시두더지뿐 아니라 오리너구리도 살고 있어요. 오리너구리는 마치 다른 동물들을 만들고 남은 부위로 만든 것처럼 생겼어요. 오리의 부리, 비버의 꼬리, 해달의 두툼한 방수 털가죽과 발에 달린 물갈퀴로요. 오리와 마찬가지로 알을 낳지만, 오리 알과 달리 작고 말랑말랑하고 껍데기가 가죽처럼 연한 알이에요. 새끼 오리너구리는 알을 깨는 것이 아니라 찢으면서 태어난답니다.

 계절마다 2~3개

 10일

 길이 - 15~18밀리미터

 알에서 나온 뒤로는 암컷이 보살펴요.

아기 오리너구리

오리너구리는 9월에 짝짓기를 해요. 암수가 함께 몸을 대고 헤엄치며 몸싸움을 하거나 서로를 뒤쫓기도 하지요. 한 달 뒤에는 암컷이 둥지에 알 두세 개를 낳고 몸으로 품어서 지켜요. 알에서 갓 나온 새끼는 털이 없고 눈은 분홍색이에요. 엄마 몸에 꼭 달라붙어서 두세 달 동안 젖을 먹으며 자라지요. 어미 혼자서 새끼들을 돌보지만, 기분 전환이 필요할 때면 보호막을 단단히 둘러친 동굴 안에 새끼들을 두고 나갔다 와요.

둥지에는 갈대를 깔아 놓아요.

암컷은 알을 배와 꼬리로 덮어서 품어요.

알은 처음 낳았을 땐 하얗지만 부화 무렵엔 얼룩무늬가 생겨요.

둥지

오리너구리는 물과 땅을 오가며 살지만, 물속에 있는 걸 더 좋아하고 물에서 많은 시간을 보내요. 물속에서 먹이를 사냥하지 않을 때면 수면 위 둑에 곧고 얕게 파 놓은 동굴에서 지내요. 하지만 이 동굴은 어미가 새끼를 돌볼 만큼 안전하진 않아요. 그래서 암컷은 알을 낳기 전에 깊이가 20미터에 이르는 동굴을 새로 팝니다. 동굴의 가장 깊은 곳에 갈대와 풀을 깔아 안락하고 푹신한 둥지를 만들지요.

← 둥지를 만들려고 동굴을 파는데 깊이가 20미터에 이르기도 해요.

서식지

오스트레일리아 동부와 태즈메이니아

29

유럽박새
Parus major

유럽박새는 유럽에 서식하는 새 중에서도 가장 큰 알을 낳아요. 알은 전반적으로 하얀색을 띠지만 색이나 무늬는 다양해요. 한꺼번에 낳은 알이라도 붉은색과 갈색 얼룩이 있는 것, 새하얀 것, 끄트머리에만 색이 있는 것이 섞여 있을 수 있지요. 암컷이 알을 품는 동안 수컷은 맛있는 먹이를 구해다가 암컷의 부리에 넣어 줘요.

 2년마다 5~14개

 12~17일

 길이 - 17.6밀리미터, 너비 - 13.4밀리미터

 암컷이 알을 품고 수컷이 먹이를 가져다 줘요.

흰 뺨과 → 푸른빛이 도는 검은색 정수리

← 유럽에 사는 박새 종류 중 가장 커요.

1:1

이끼와 풀뿌리를 엮어 만든 둥지에 다양한 무늬의 알이 들어 있어요. ↓

꼬마 먹보들

암컷은 알에서 눈을 떼지 않아요. 둥지에서 알을 훔치려고 했다가는 당장 암컷이 달려들어 쉭쉭 거리며 침을 뱉을 거예요. 알을 깨고 새끼들이 나오면 엄마 아빠의 고생이 시작돼요. 아무리 먹어도 배부른 줄 모르는 주둥이에 계속 먹이를 넣어 주어야 하니까요. 애벌레를 잡는 족족 둥지로 가져오다 보면 둘이 합쳐 하루에 900번씩 날아갔다 오기도 한대요. 20일이 지나면 박새 새끼들은 둥지 밖으로 날아갈 수 있지만, 가족 관계는 한두 주 더 지속돼요. 그때까지는 엄마 아빠가 새끼들에게 먹이를 잡아다 주거든요.

서식지

황갈색 얼룩
↓

적갈색 반점
↓

아래쪽 끝에만
색이 있는 알
↓

박새의 종류

박새는 모든 종류가 조금씩 다르게 생겼지만 하나같이 아름다워요. 머리에 스카프를 두른 새, 푸른색 모자를 쓴 새, 독특한 술 장식을 단 새도 있지요.

도가머리박새

박새는 어디에 살까요

박새는 말 그대로 어디서든 살 수 있어요. 속이 빈 나무줄기, 덤불 한가운데, 새집, 버려진 다람쥐 둥지, 심지어 오래된 하수구나 빈 양동이에서 살 수도 있지요. 박새는 적당한 자리만 찾으면 혼자서 둥지를 지어요. 이끼와 풀뿌리를 차곡차곡 쌓은 다음 깃털, 머리카락, 털실 등을 올려 마무리하지요. 밖에 드나드는 동안 먼저 낳아 둔 알이 안전하게 보호될 수 있게 쿠션을 만드는 거예요. 하지만 일단 알을 전부 낳고 나면 둥지에서 꼼짝도 안 해요. 박새의 이끼 이불이 어찌나 두툼한지 그 속에서 알을 잃어버리지 않는 게 신기할 정도예요!

쇠박새

푸른박새

물총새
Alcedo atthis

반짝이는 껍데기 →

눈처럼 새하얀 알 ↓

1:1

↑ 매끄럽게 다듬어진 둥지 표면

 6~7개씩 1년에 3번쯤

 18~23일

 길이 - 23밀리미터, 너비 - 19밀리미터

 엄마 아빠가 교대로

깊이가 1미터에 이르는 땅굴 ↓

땅굴 속의 알

물총새알은 예쁘고 반짝이며 아주아주 작아요. 하나같이 동그랗지만 마지막에 낳는 알만은 살짝 타원형이지요. 알이 이렇게 예쁜 하얀색인 이유는 눈에 뜨이지 않게 하는 보호색이 필요 없기 때문이에요. 물총새는 땅굴을 파고 알을 낳으니까요.

둥지

물총새의 보금자리는 마치 수산물 시장 같아요. 사방에 물고기 뼈, 비늘, 지느러미가 널려 있거든요. 때로는 이런 쓰레기 때문에 암컷과 수컷이 둥지로 돌아오기 어려울 정도예요. 땅굴 맨 끝에 있는 빈 공간에 작은 알들이 감춰져 있어요. 물총새는 강가 모래밭에 땅굴을 파요. 땅굴은 깊이가 15센티미터에서 30센티미터 정도지만 가끔은 1미터를 넘기도 해요.

서식지

영국, 한국, 인도네시아, 뉴기니를 포함한 유라시아 전역

횃대 위에서

물총새는 짝짓기 철만 빼면 항상 홀로 지내요. 맑고 잔잔한 물가에 자리를 잡고 조심스럽게 제 위치를 지키지요. 가장 좋아하는 자리는 나뭇가지가 물에 살짝 잠겨 있는 곳이에요. 나뭇가지에 앉아서 먹이를 노릴 수 있으니까요. 물총새는 수면 30센티미터 아래까지 잠수해 물고기를 낚아챌 수 있답니다. 부리로 단단히 먹이를 붙잡고 날개를 퍼덕이며 물 위로 튀어나온 다음, 애용하는 횃대 위에서 맛있게 식사를 하지요. 물고기 비늘이 목구멍에 걸리지 않도록 머리부터 꿀꺽 삼킨답니다!

힘찬 날개

↑
길고 뾰족한 부리

↑
새끼가 토해 낸 찌꺼기와
물총새 알

물고기 더 주세요!

새끼는 알에서 나오자마자 1시간에 물고기 1마리를 삼켜요. 엄마 아빠는 배고픈 새끼들을 먹이기 위해 눈코 뜰 새 없이 움직여야 하지요. 먼젓번 알에서 나와 거의 다 자란 새끼들에게 먹이를 갖다 주는 동시에, 새로 낳은 알을 품어야 할 때도 있어요. 물총새는 몸집이 작지만 길이가 12센티미터에 이르는 잉어도 잡을 수 있답니다! 물총새의 한살이는 물고기와 긴밀히 연결되어 있어요. 그러니 물총새 수컷이 암컷에게 주는 약혼 선물 역시 물고기라는 사실도 놀랍지 않아요.

물총새의 먹이

물고기

개구리

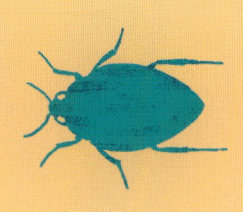
곤충과 애벌레

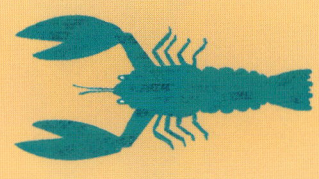
가재

뻐꾸기
Cuculus canorus

개개비

점무늬 알 ↓

뻐꾹!
우리가 숲속에서 듣는 뻐꾸기 소리는 수컷의 울음소리예요.

붉은꼬리딱새

1:1

하늘색 알 ↓

유럽울새

계피색 얼룩무늬가 있는 흰색 ↓

세심하게 둥지를 짓고 알을 돌보며 새끼에게 먹이를 가져다주느라 이리저리 날아다니는 새를 보면 일단 뻐꾸기는 아니라고 생각하면 돼요. 뻐꾸기는 둥지를 안 만들고, 자기 새끼를 돌보지도 않거든요. 그냥 새끼 돌보는 일을 다른 새 가족에게 떠넘겨 버리지요. 아기 뻐꾸기는 양부모 아래에서 태어나는 셈이에요. 뻐꾸기는 자기 알을 슬쩍 섞어 놓아도 들키지 않을 새 종류와 그 둥지를 잘 알고 있답니다. 어미 뻐꾸기는 이 둥지 저 둥지 옮겨가며 알을 하나씩 낳곤 해요.

둥지

뻐꾸기는 둥지를 짓느라 시간을 낭비하지 않아요. 아주 교활한 새니까요! 열심히 둥지를 짓는 붉은꼬리딱새나 굴뚝새가 잠시 자리를 비울 때만 노린답니다. 바로 그 틈을 타서 자기 알을 엉뚱한 새 둥지에 슬쩍 섞어 놓지요. 보통은 둥지마다 알을 하나만 낳아요. 그런 다음 둥지 주인이 알아차리지 못하게 둥지에 본디 있던 알 하나를 집어삼켜 원래대로 개수를 맞춰 놓지요. 이런 새들의 알은 뻐꾸기알과 색이 비슷하거든요.

양부모는 →
뻐꾸기 새끼에게
열심히 먹이를
물어다 줘요.

하지만 뻐꾸기 새끼는
양부모보다
훨씬 덩치가 크지요.
↓

- 계절마다 9개 정도
- 11~13일
- 길이 - 19~27밀리미터, 너비 - 14~19밀리미터
- ♀♂ 양부모

교활한 뻐꾸기

뻐꾸기 새끼는 다른 새보다 일찍 알을 깨고 나와요. 하지만 낯선 형제자매를 빨리 만나고 싶다거나 새로운 가족에게 받아들여진 게 기뻐서 그런 건 아니에요. 이 순진무구해 보이는 새끼들은 부화하자마자 다른 알과 새끼를 둥지 밖으로 밀어내 버린답니다. 그러면 양부모는 단 하나 남은 자식인 뻐꾸기 새끼를 지극정성으로 돌보며 꼬박 네다섯 주 동안 먹이를 갖다 바치게 되지요. 마침내 다 자란 뻐꾸기가 날아가 버릴 때까지 말이에요.

서식지

뻐꾸기는 영국, 핀란드, 시베리아를 지나 한국과 일본까지 널리 서식해요.
북아프리카, 인도, 동남아시아에서도 볼 수 있지요.
겨울이 가까워지면 따뜻한 지역으로 날아간답니다.

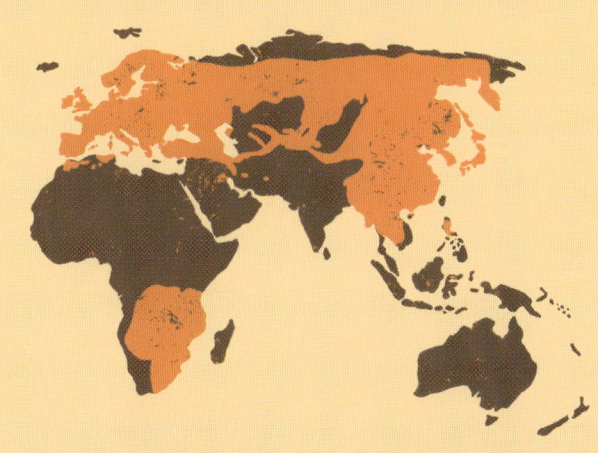

메추라기
Coturnix coturnix

시카고
메추라기의 울음소리에 귀 기울여 보세요. 꼭 '시~카~고!'라고 하는 것처럼 들리지 않나요?

메추라기는 어디에서 만날 수 있을까요? 들판에 나가면 노랫소리는 쉽게 들을 수 있지만 실제로 마주치기는 어려워요. 낯을 가려서 사람을 보면 풀 속에 숨어 버리거든요. 얼룩무늬 알을 낳은 뒤 품어 새끼를 보는 일도 전부 풀 속에서 일어납니다. 메추라기는 남풍이 불어오거나 깜짝 놀랐을 때만 하늘로 날아올라요. 그럴 때도 잠깐만 날고 금세 다시 두 발로 걸으려 한답니다.

풀밭에 있는 둥지 ↓   다채로운 얼룩무늬 알 ↓

1:1

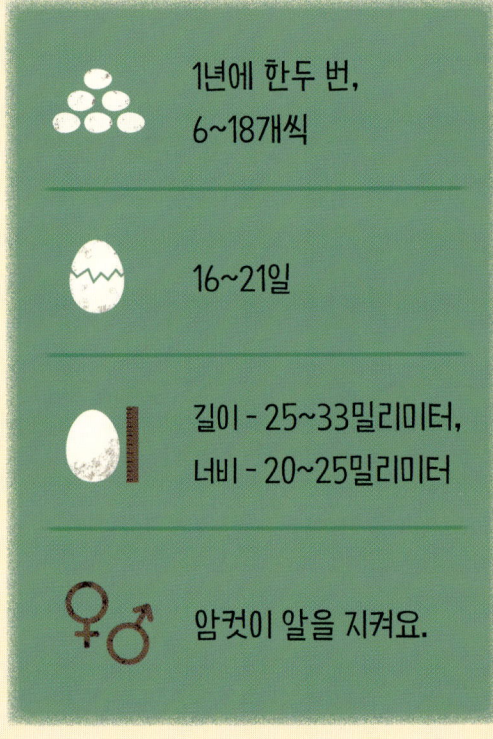

- 1년에 한두 번, 6~18개씩
- 16~21일
- 길이 - 25~33밀리미터, 너비 - 20~25밀리미터
- ♀♂ 암컷이 알을 지켜요.

서식지
닭목 동물 대부분은 날씨에 따라 이동하지 않는 텃새예요. 하지만 메추라기는 예외라서 겨울이 다가오면 따뜻한 곳을 찾곤 하지요.

풀밭에서

메추라기의 둥지는 땅에 얕은 구덩이를 파고 마른 풀과 때로는 깃털을 깐 간단한 구조예요. 암컷은 이 둥지에서 노르스름한 하얀 바탕에 갈색 얼룩무늬가 있는 작은 알을 여러 개 낳지요. 연갈색에서 진갈색까지 각각 다른 무늬의 알을 18개까지 낳는답니다. 이런 얼룩무늬 덕분에 풀밭에서 알이 눈에 잘 뜨이지 않아요.

어린 메추라기는 몸 색이 옅어요.
↓

엄마와 함께

암컷 메추라기는 알을 지극정성으로 돌보고 온몸으로 따뜻하게 품어서 지킨답니다. 수컷은 뭘 하냐고요? 알을 돌보기는커녕 알에서 나온 새끼에게도 신경 쓰지 않아요. 다행히 메추라기는 알에서 나오는 즉시 활발하게 움직이며 직접 세상을 탐험할 수 있어요. 하지만 처음에는 모든 것을 구경시켜 주며 먹이 사냥 방법을 알려주는 어미와 함께 다니지요. 새끼는 부화한 지 열하루면 날 수 있게 되고, 한 달이 지나면 어미의 보호 없이 혼자 살아가는 데 필요한 모든 것을 배워요.

닭목

메추라기는 닭목에 속하는 새 중에서도 가장 작은 종류예요. 닭목에는 그 밖에도 다음과 같은 새가 있어요.

큰뇌조

꿩

자고새

37

까막딱따구리
Dryocopus martius

딱딱……. 나무를 쪼는 소리가 숲속에 울려 퍼져요. 딱따구리 의사 선생님이 나무를 치료하고 있거든요. 나무에 해로운 벌레를 제거하는 중이에요. 딱따구리 소리는 숲에서 흔히 들을 수 있지만, 그들의 작업을 방해하기는 쉽지 않답니다. 딱따구리가 다녀간 나무도 한눈에 알아볼 수 있어요. 다양한 모양의 커다란 구멍이 남아 있으니까요. 봄이 지나고 여름이 오면 딱따구리는 이런 구멍 하나를 더 크게 만들어서 속이 빈 나무줄기 안에 알을 낳아요.

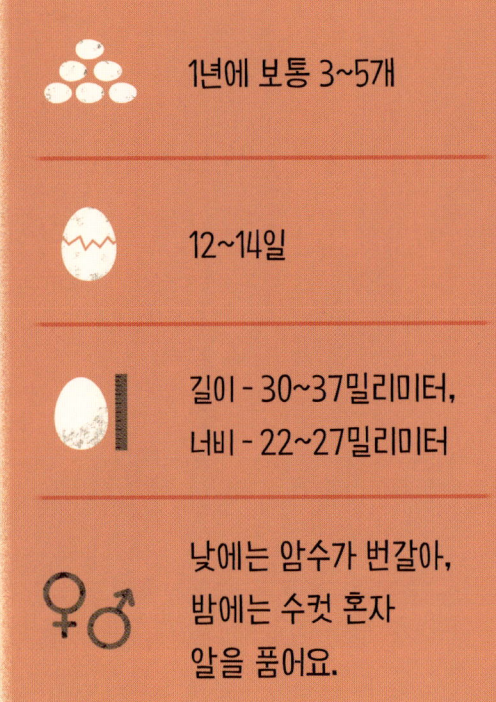

- 1년에 보통 3~5개
- 12~14일
- 길이 - 30~37밀리미터, 너비 - 22~27밀리미터
- 낮에는 암수가 번갈아, 밤에는 수컷 혼자 알을 품어요.

1:1

← 딱따구리의 둥지가 되는 나무 구멍은 땅 위로 8미터에서 12미터 높이에 있어요.

→ 깊이는 57센티미터에 이를 수도 있지요.

나무속 집

딱따구리는 정말로 나무 구멍을 좋아해요. 나무를 쪼아 만든 집에서 쉬고 잠도 자지만 가장 중요한 건 역시 알을 품는 일이지요. 봄이 오고 번식기가 시작되면 암컷과 수컷이 함께 나무 위쪽의 안전한 곳을 쪼아 구멍을 만들어요. 10에서 28일까지 걸린다고 하니 절대 쉬운 일이 아니지요! 떡갈나무나 가문비나무는 아주 단단하거든요. 높은 나무줄기 속 깊이 알을 숨기기 때문에 위장색이 필요 없어요. 그래서 딱따구리알은 갓 내린 눈처럼 새하얗지요. 알 모양은 하나하나 조금씩 다르게 생겼어요. 정말 신기하지요?

딱따구리의 먹이

딱따구리는 튼튼한 부리로 나무줄기 속에서 먹이를 찾아내요. 길고 끈적끈적한 혀와 작은 이빨을 써서요.

  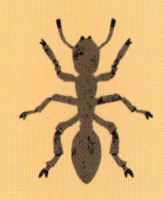

곤충　　애벌레　　개미

엄마와 아빠의 협동 육아

암컷과 수컷은 번식에 따르는 모든 일을 분담해요. 둘이 함께 둥지가 될 나무 구멍을 만들고 육아도 나눠서 하지요. 낮에는 톱밥 무더기 위에 놓인 새하얀 알을 정성스럽게 번갈아 가며 품어요. 밤이면 아빠 혼자서 알을 품고 엄마는 둥지 근처에 있는 다른 나무 구멍에서 쉰답니다. 알이 부화하면 둘 다 열심히 새끼들에게 줄 먹이를 구하러 다녀요. 새끼 딱따구리는 먹성이 대단해서 낮 동안 구멍으로 머리를 내밀고 엄마 아빠에게 요란스레 먹이를 졸라요. 그러다 한 달이 지나면 첫 비행에 나서게 되지요.

새끼들은 두세 달 뒤에 둥지를 떠나요.
↓

딱따구리는 키가 → 46센티미터에 이르는 큰 새예요. 양 날개를 펼친 너비는 73센티미터쯤 될 수도 있지요.

↑
알은 양쪽 끝이 뾰족해서 원뿔 2개를 붙여 놓은 것처럼 생겼어요.

서식지

딱따구리는 유럽과 아시아 지역 대부분에서 볼 수 있어요. 에스파냐 북부에서 북쪽으로 스칸디나비아 반도까지, 동쪽으로는 동유럽과 시베리아를 지나 한국에서도 관찰할 수 있답니다.

푸른바다거북
Chelonia mydas

1:1

↑
다 자란
푸른바다거북은 크기가
1.5미터에 이르기도 해요!

↑
껍데기는
녹갈색을 띠어요.

 구덩이 하나에 100~1507개

 2~3개월

 길이 – 45밀리미터, 너비 – 45밀리미터

♀♂ 없음

↑
구덩이의 깊이는
80센티미터쯤 돼요.

푸른바다거북이 모래밭을 따라 느릿느릿 걸어가요. 알을 낳는다는 중요한 임무가 있거든요. 거북이에겐 무척 고된 행군이에요. 거북이의 몸은 육지에서 움직이기 불편하게 만들어졌으니까요. 이렇게 태어난 해변까지 돌아가야 하는 일을 2~3년에 한 번만 해야 한다는 게 다행이지요. 거북이는 알을 낳고 나면 눈물을 흘리는데, 눈에 들어간 모래를 눈물이 씻어 내기 때문이에요. 2시간 뒤 거북이는 다시 바다로 돌아간답니다.

밤이 오면

푸른바다거북알은 밤중에 부화해요. 새끼들은 억센 발로 모래를 파고 나와 달빛을 받으며 서둘러 바다로 걸어가지요. 아기 거북이에겐 고된 여정이에요. 바다로 돌아가는 길에는 많은 고난이 기다리고 있으니까요. 알 100개 중에 단 하나만이 무사히 자라서 성체가 될 수 있어요. 상황에 따라서는 1,000개 중에 하나일 때도 있고요!

갓 태어난 푸른바다거북은 크기가 5센티미터밖에 되지 않아요!

알 낳기

푸른바다거북은 모래밭에 구덩이를 파고 알을 낳아요. 때로는 200여 개나 되는 알을 전부 하나씩 낳기도 한답니다! 거북이 한 마리는 며칠 동안 구덩이 다섯 곳에 알을 전부 350개 정도 낳을 수 있어요. 구덩이 하나에 알이 보통 몇 개쯤 있을까요? 탁구공 크기의 동그랗고 하얀 알이 112개 정도 들어 있지요. 언뜻 보기엔 잘 깨질 것 같지만 가죽 같은 막으로 덮여 있어서 좀처럼 깨지지 않아요. 거북이는 모래밭에 알을 다 묻자마자 바다로 돌아가요. 해가 지기 전에는 목적지에 도착하겠지요.

거북의 천적

푸른바다거북의 알과 새끼, 심지어 다 자란 성체에게도 수많은 천적이 있어요. 아래와 같은 동물들이죠.

뱀상어

해오라기

다양한 종류의 게

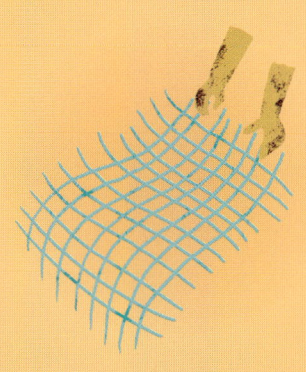

인간과 고기잡이 그물

닭
Gallus gallus domesticus

세계 기록
해리엇이라는 암탉은 길이가 23센티미터나 되는 달걀을 낳은 적이 있어요!

산란용 암탉 한 마리는 →
일 년 동안
알을 200개에서
300개 정도 낳아요.

흰 달걀, 아니면 얼룩 달걀?

눈부신 흰색, 얼룩무늬, 연갈색이나 진갈색, 초록색에서 분홍색까지. 달걀의 색은 아주 다양하답니다. 닭의 귓불이나 눈 아래 꺼풀을 보면 어떤 색 달걀을 낳을지 알 수 있어요. 그러니까 농부가 흰 달걀을 얻고 싶다면 귓불이 하얀 닭을 사야겠지요. 귓불이 붉은 닭은 갈색 달걀을 낳고, 풍성한 귀 아래 털과 이국적 아름다움을 뽐내는 아라우카나 닭은 파란색 달걀을 낳습니다.

1:1

달걀

수탉이 목청 높여 아침을 알리는 동안 암탉은 짚 더미 위에서 알을 낳을 준비를 해요. 닭의 조상인 붉은색 멧닭은 움푹 팬 땅바닥에 알을 낳아야 했지만, 현재의 닭장은 알을 낳기에 훨씬 편하지요. 달걀은 새알 중에서 큰 편이지만 껍데기는 멧닭의 알보다 훨씬 얇답니다. 조류 세계에서도 유난히 깨지기 쉬운 알이라고 할 수 있어요.

닭의 품종

| 가장 작고 가벼운 세라마 | 몸집이 작은 싸움닭 샤모 | 흔한 갈색 닭 | 적응력이 뛰어난 오핑턴 | 가장 큰 저지자이언트 |

닭 가족

암탉은 생후 반년 만에 알을 낳기 시작해요. 하지만 아직 성체가 아니기 때문에 달걀은 작고 껍데기 없이 나오기도 하지요. 암탉과 수탉이 함께 지낸다면 닭 식구는 점점 늘어나게 돼요. 어미가 될 암탉은 먹는 양도 줄이고 꼬꼬댁거리며 알을 품곤 해요. 병아리가 부화할 때가 되면 달걀 안에서 소리를 내어 자기를 품고 있는 엄마에게 그 사실을 알립니다. 알도 수다를 떨 수 있어요!

- 한배에 12개
- 21~23일
- 길이 - 50~68밀리미터, 너비 - 38~47밀리미터
- 암탉

화려한 수탉 ↓

갈색 암탉 ↓

↑ 하루 지난 병아리

미시시피악어
Alligator mississippiensis

늪지 동물

악어는 비늘로 뒤덮인 짙은 색 몸통에 튼튼한 꼬리와 넓적한 머리통, 날카로운 이빨이 가득한 주둥이가 있어요. 악어가 즐겨 살고 번식하는 곳은 늪지, 강가, 습지대예요. 악어의 알은 새하얗고 타원형이지만 풀 속에 있다 보니 초록색 얼룩이 생기기도 해요. 한 둥지에 알이 91개까지 있을 수도 있어요.

세계 기록
악어가 한배에 낳은 알의 최대 개수는 917개예요!

암컷 악어가 →
둥지를 보호해요.

1:1

 28~527개

 65일

 길이 - 71밀리미터,
너비 - 44밀리미터

 암컷이 알을 지켜요.

소중한 흙더미

악어는 혼자 살지만 봄이면 짝짓기를 하러 나와요. 암컷이 마음 맞는 수컷을 찾으면 2달 뒤에는 둥지를 짓기 시작하지요. 항상 알 가까이 머물 수 있도록 물가에 적당한 자리를 찾은 다음, 튼튼한 다리와 커다란 꼬리로 땅을 파서 높이 2미터에 달하는 거대한 진흙과 풀 무더기를 만들어요. 파낸 구덩이에 알을 낳고 도로 진흙과 풀을 덮어서 알이 부화할 때까지 방해받지 않고 따뜻이 있게 하지요.

악어 친척들

악어는 현재까지 남아 있는 공룡 시대의 유산입니다. 미국 늪지대에서 동남아시아의 바다까지 다양한 곳에 살지만, 생김새와 이빨이 무시무시하다는 점에서는 모두 똑같지요.

눈꺼풀카이만

가비알

오리노코악어

바다악어

엄마의 귀염둥이

암컷 악어는 처음부터 수컷의 도움을 전혀 받지 않아요. 혼자 둥지를 짓고 알을 지키며 새끼도 돌보지요. 석 달쯤 지나면 크기가 20센티미터에서 25센티미터쯤 되는 새끼 악어가 알에서 나와요. 혼자 힘으로는 둥지에서 나갈 수 없지만 어떻게 해서든 살아남지요. 낑낑 소리를 내면 새끼가 부화했다는 사실을 알아차린 어미가 와서 구해 주거든요. 흙더미를 파내고 주둥이에 새끼를 얹어 물가로 데려간답니다. 미처 부화하지 못한 알은 살짝 이빨로 깨뜨려 나머지 새끼들이 무사히 나오게 도와주기도 해요.

어미 악어는 썩어 가는 식물 무더기 아래에 알을 묻어 놓아요.
↓

↑
새끼의 몸에는 노란색 줄무늬가 있어요.

45

검독수리
Aquila chrysaetos

세계 기록
역사상 가장 큰 독수리 둥지는 높이가 6.1미터, 너비는 2.59미터입니다.

둘 중 먼저 나온 새끼만 살아남는 일도 흔해요.

1:1

새끼들은 45일에서 81일 동안 둥지에 머물러요.

전망 좋은 둥지

검독수리 부부는 둥지 지을 곳을 찾을 때 평범한 나무로 만족하지 않아요. 가파른 벼랑의 바위 돌출부 아래에 있어 아무도 닿지 못할 장소를 고르지요. 때로는 둥지 무게를 버틸 만큼 커다랗고 전망 좋은 소나무 가지 위에 자리를 잡기도 해요. 검독수리가 살 둥지를 지으려면 나뭇가지가 많이 필요해요. 암컷, 수컷, 점박이무늬 알 2개까지 들어가야 하니까요. 검독수리 부부는 보통 해마다 같은 둥지로 돌아와서 필요한 곳만 수리하거나 매년 조금씩 둥지 크기를 늘린답니다.

 보통 2개

 41~45일

 길이 - 67~88밀리미터, 너비 - 51~66밀리미터

암컷이 알을 지켜요.

← 양쪽 날개를
펼친 너비는
2미터가 넘어요!

하얀 깃털

암컷은 갈색 얼룩무늬가 있는 알 2개를 차례로 낳고 45일 동안 품어요. 첫 번째 알이 나오자마자 즉시 둥지에 앉아서 그 자리를 떠나지 않지요. 보통은 어미가 먼저 낳은 알이 일찍 부화한답니다. 새끼 독수리는 처음엔 눈처럼 새하얗지만 시간이 지나면서 점점 잿빛으로 변해요. 털갈이가 완전히 끝날 때쯤에는 꼬리와 날개에 흰 깃털이 몇 개만 남아 있어서 엄마 아빠와 새끼를 구별하기 어려울 정도지요.

검독수리 둥지는 너비가 2미터를 넘고
높이는 1미터 정도예요.
↓

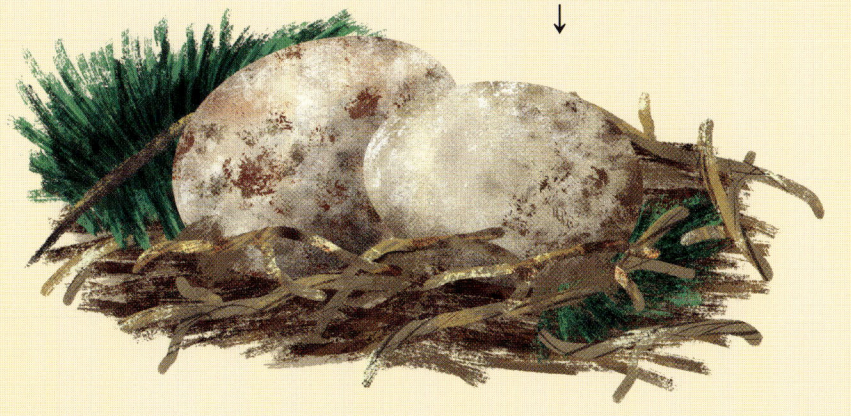

검독수리의 알

검독수리는 탁한 흰 바탕에 다채로운 얼룩과 점박이무늬가 있는 알을 낳아요. 무늬 색깔은 연갈색부터 진회색이나 초콜릿 같은 진갈색까지 다양하답니다. 무늬가 너무 많아서 흰 바탕이 거의 보이지 않는 알도 있고, 반대로 색이 옅거나 투명하리만큼 하얀 알도 있지요. 하지만 어떤 색이든 간에 조류 세계에서 손꼽히게 크다는 점은 마찬가지랍니다. 그야말로 새들의 왕에게 어울리는 알이지요.

검독수리의 먹이

대형 조류인 검독수리는 발톱이 무척 튼튼해요. 높은 곳에서 곤두박질치듯 먹이를 덮쳐 사냥하지만 때로는 죽은 동물을 먹기도 해요. 널따란 사냥 영역을 정해 두고 자주 돌아다니며 먹이를 잡아서 새끼에게 가져다주지요.

영양과 사슴

여우

토끼

얼룩다람쥐

바다오리
Uria aalge

바위 위 둥지

바다오리의 조그마한 알은 하나하나가 자연의 보석 같아요. 눈처럼 새하얗거나 푸른색, 초록색, 적갈색일 수도 있지요. 구불구불한 줄무늬나 올록볼록한 곳, 반점이나 얼룩무늬가 있기도 해요. 바다오리는 집단을 이루어 사는데, 그렇게 하려면 엄마 아빠가 각자 자기 알을 구분할 수 있어야 하거든요. 하지만 이렇게 색과 무늬가 다양해도 모양은 하나같이 서양 배처럼 길쭉하답니다.

엄마 아빠가 → 하루에 두세 번 새끼에게 물고기를 잡아다 줘요.

1:1

 1개

 28~35일

 길이 - 70~92밀리미터, 너비 - 43~56밀리미터

 엄마 아빠가 함께

다양한 친척

이제 멸종한 큰바다쇠오리는 바다오리보다 몸집이 컸지만 알의 색과 무늬가 다양하다는 공통점이 있어요. 바위 위에 커다란 알을 하나만 낳는다는 점도 바다오리와 똑같았지요. 바다오리의 다른 친척들은 바위 구멍 속에 알을 낳기도 한답니다.

코뿔바다오리

큰바다쇠오리

바다쇠오리

서식지

바다오리는 대서양의 섬들, 북극, 프랑스 브르타뉴 지역, 에스파냐와 포르투갈 북서부에 이르는 지역에 서식해요.

바다오리의 알

청회색 바탕

황토색 바탕에 점박이무늬

구불구불 복잡한 줄무늬

길쭉한 서양 배 모양

← 바위 절벽 위 바다오리 집단

함께 살아요

바다오리는 아주 사교적이에요. 빽빽이 모여 앉기를 좋아해서 마치 통조림 속 정어리처럼 보이기도 하지요. 바다오리 부부가 잠시 둥지를 떠나게 되면 당장 알을 품지 않는 이웃들이 대신 보모가 되어 알 위에 앉아 있어요. 28일에서 35일쯤 지나면 알이 깨지고 먼지덩어리처럼 생긴 새끼가 나와요. 엄마 아빠는 열심히 새끼에게 먹이를 가져다주고 갈매기가 덮치지 못하게 지켜 줘요. 20일이 지나면 새끼는 용감하게 벼랑에서 뛰어내려 엄마 아빠와 함께 바다로 들어간답니다.

알 품기

대자연은 바다오리의 알을 독특한 모양으로 만들었어요. 길쭉하고 아래쪽이 둥글어서 언뜻 보면 서양 배처럼 보이지요. 바다오리는 바다 위 바위 절벽에서 집단을 이루어 둥지를 틀어요. 알이 바다로 굴러떨어질까 봐 걱정되지 않느냐고요? 걱정할 필요 없어요. 독특한 모양 덕분에 알이 굴러가지 않고 기껏해야 팽이처럼 제자리에서 빙글빙글 돌 뿐이니까요. 인간에게 위태롭게 보이는 바위가 바다오리에게는 잿빛과 검은색 먼지 덩어리 같은 새끼를 기르기에 이상적인 장소랍니다.

코모도왕도마뱀

Varanus komodoensis

알에서 갓 나온 새끼는 크기가 →
37센티미터밖에 안 돼요.

 1년에 20개

 7~8개월

 길이 - 55~115밀리미터

♀♂ 없음

1:1

소순다 열도의 코모도 국립공원에 사는 코모도왕도마뱀은 지구에서 가장 큰 도마뱀 종류예요. 육지에서 살지만 헤엄도 잘 치고 잠수도 할 줄 알지요. 알록달록한 몸통은 딱딱한 뼈로 이루어진 비늘로 뒤덮여 있어요. 길고 갈라진 혀, 억세고 날카로운 발톱, 길이 3미터가 넘는 몸통을 보면 아주 무시무시한 동물이란 사실을 알 수 있죠. 이 시대에 실존하는 용이랄까요!

용의 먹이

코모도왕도마뱀은 11킬로미터 떨어진 곳에서도 피 냄새를 맡을 수 있어요! 한 마리가 사냥감을 잡으면 여러 마리가 같이 먹겠다고 우르르 달려들지요. 이럴 때면 코모도왕도마뱀은 정말로 용처럼 보인답니다. 사냥감을 갈기갈기 찢어서 마음껏 먹어 치우거든요.

멧돼지

주홍발무덤새

나무 위 새끼들

코모도왕도마뱀 새끼는 알에서 나오는 순간부터 사나워요. 알껍데기를 부수는 난치 하나로 알을 깨고 나와야 하는데 이는 무척 힘든 일이지요. 난치는 부화 이후에 바로 떨어진답니다. 새끼들은 천적이나 더 큰 코모도왕도마뱀에게 잡아먹히지 않도록 나무 꼭대기에 올라가 성체가 되기를 기다립니다. 그동안은 곤충과 작은 동물을 잡아먹으며 지내요.

↑
흙과 나뭇잎으로 덮인 둥지

코모도왕도마뱀의 침에는 박테리아가 가득해요.
↓

코모도왕도마뱀의 알

암컷과 수컷은 짝짓기 전에 공격적인 전투 의식을 거쳐요. 한 달이 지나면 암컷은 다리로 구덩이를 파고 알을 낳기 시작합니다. 가끔은 주홍발무덤새가 파 놓은 굴을 가로채기도 하지요. 코모도왕도마뱀은 둥지 안에 가죽 같은 껍질로 싸인 크고 길쭉한 하얀 알을 낳아요. 알을 하나하나 가지런히 늘어놓은 다음 포식자가 찾지 못하게 흙으로 덮지요. 그러고 나면 더는 알을 품거나 돌보지 않지만, 얼마 동안 주변에 머물며 알을 지키긴 한답니다.

염소와 양

왕도마뱀

물소와 사슴

임금펭귄
Aptenodytes patagonicus

임금펭귄은 두 다리 사이에 알을 끼우고 굴려요.

 1년에 1개

 52~57일

 길이 - 90~115밀리미터, 너비 - 66~82밀리미터

 처음에는 수컷이 알을 품고 나중에는 암컷과 번갈아 가며 돌봐요.

1:1

↑ 서양 배 모양의 알

사방에 온통 얼어붙은 흙과 자갈과 바위뿐이에요. 기온은 영하 수십 도까지 떨어지고 여기저기 눈 더미가 보이지요. 계곡을 따라 곳곳에 시속 200킬로미터에 육박하는 사나운 바람이 몰아쳐요. 여기는 임금펭귄이 알을 품는 남극해의 섬이랍니다. 이곳의 강풍과 얼어붙은 자연은 생각만 해도 온몸이 부르르 떨릴 정도지요. 하지만 흰색이나 연초록색을 띠어 커다란 서양 배처럼 보이는 임금펭귄의 알은 이곳에서 잘 지낸답니다!

알의 색깔
처음엔 하얗던 알이 시간이 지나면서 펭귄 똥과 진흙이 묻어 누렇게 변해요.

펭귄의 종류

쇠푸른펭귄

훔볼트펭귄

주머니 안에서

암컷은 250그램이 넘는 알을 낳자마자 수컷의 두 다리 사이에 굴려 넣어요. 그러면 아빠 펭귄은 곧바로 몸을 숙이고 털가죽으로 알을 따뜻하게 감싸서 지키지요. 얼어붙을 것 같은 추위 속에서도 알들은 끄떡없어요. 3주쯤 지나면 암컷이 돌아와 수컷 대신 알을 품기 시작해요. 그 뒤로는 한쪽이 알을 품는 동안 다른 쪽이 사냥하러 가는 식으로 닷새마다 교대를 한답니다.

서식지

임금펭귄은 남극해에 살면서 알을 품는 동안에만 섬으로 올라와요. 티에라델푸에고 제도, 포클랜드 제도, 사우스조지아 제도, 프린스에드워드 제도의 섬에 둥지를 틀지요.

← 새끼가 어미의 부리 안에 부리를 집어넣고 먹이를 졸라요.

알에서 새끼가 나와요

55일이 지나면 드디어 뭔가 시작됩니다. 알껍데기가 조금씩 부서지기 시작하거든요. 하지만 새끼 펭귄이 알에서 나오는 과정은 쉽지 않아요. 때로는 몇 시간씩 걸리기도 한답니다. 엄마 아빠가 도와주지 않기 때문에 혼자 힘으로 나와야 해요. 보세요! 마침내 새끼 펭귄이 나왔어요! 아직 털이 없지만 엄마 아빠 곁에 있으면 포근하고 든든하지요. 얼마 지나지 않아 추위를 막아 주는 회갈색 깃털이 나기 시작해요. 이제는 다른 새끼들과 함께 펭귄 유치원에 들어가야 할 때예요. 물론 엄마 아빠도 새끼가 스스로 체온을 조절하고 먹이를 구하는 방법을 터득할 때까지 계속 돌보고 밥을 먹이고 따뜻하게 감싸 준답니다.

로열펭귄

아델리펭귄

임금펭귄

황제펭귄

혹고니
Cygnus olor

잠수는 못 하지만 긴 목 덕분에 연못이나 강바닥의 수생 식물을 뜯어 먹을 수 있어요.

영역
짝짓기 철이면 고니는 자기 영역 지키기에 나서요.

1:1

← 타원형 알에는 종종 둥지를 만든 재료가 묻어 있어요.

↑ 갓 태어난 새끼는 잿빛을 띠어요.

 1년에 4~8개

 35~38일

 길이 - 100~122밀리미터, 너비 - 70~80밀리미터

 암컷이 알을 품고 수컷이 보초를 서요.

붉은색 부리 외에는 온몸이 하얗고 우아한 새가 고요한 수면을 유유히 떠가요. 크고 멋진 수컷 고니가 유심히 주변을 둘러보면서 평화를 방해하는 것은 모조리 쫓아내고 있어요. 소중한 보물을 지키는 중이거든요. 갈대숲 뒤에 커다란 둥지를 떠받친 섬이 숨어 있어요. 그리고 그 둥지에는 커다란 타원형 알들이 세상모르게 감추어져 있지요. 다른 고니의 알은 하얗지만 혹고니의 알은 청회색이랍니다. 알을 품는 동안 풀과 흙이 묻어 더러워지게 마련이지만요.

고니 가족

고니는 한번 짝을 찾으면 평생 헤어지지 않고 같이 사는 경우가 많아요. 심지어 둘이 함께 둥지로 돌아가기도 하지요. 역할 분담도 완벽하게 한답니다. 아빠 고니가 아내와 아이들을 지키며 보초를 서는 동안 엄마 고니는 둥지를 짓고 알을 품어요. 엄마가 밥을 먹는 동안에는 아빠가 대신 알을 품고요. 그러다 보면 어느새 둥지 안에 잿빛 깃털 뭉치가 가득하지요. 새끼들이 태어난 거예요! 새끼들은 단 하루 둥지 안에 머물 뿐 다음 날이면 먹이를 잡고 헤엄도 칠 수 있어요. 엄마 아빠에게 알아야 할 것들을 차근차근 배우면서 주변 세상에 익숙해지지요. 엄마 아빠는 가끔씩 새끼들을 등에 태우고 물 위로 나가기도 해요. 얼마나 즐겁고 유익한 나들이일까요! 새끼들은 1년 동안 털갈이를 하면서 서서히 잿빛에서 흰색으로 변해 간답니다.

섬 위에 지은 둥지

물 위의 생활

암컷은 강둑, 갈대밭, 물가 덤불 아래나 작은 섬에 둥지를 지어요. 적당한 자리를 찾으면 갈대 줄기, 잔가지, 식물 줄기, 뿌리 등 뭐든 주변에서 구할 수 있는 재료를 높다랗게 쌓아요. 무더기가 충분히 커졌다 싶으면 위쪽을 옴폭하게 만들고 그 위에 알을 낳아요. 이렇게 만든 둥지는 그리 근사해 보이진 않지만, 꼭대기에 부드러운 깃털을 한 겹 깔면 훨씬 편안해져요. 가장 중요한 건 뭐니 뭐니 해도 알들의 행복이니까요.

고니의 종류

고니는 손꼽히게 우아하고 아름다운 새예요. 오스트레일리아 대륙의 흑고니든 아시아, 북유럽, 아메리카 대륙의 흰고니든 하나같이 아름답지요.

코스코로바고니

큰고니

울음고니

흑고니

나그네앨버트로스
Diomedea exulans

 2년마다 1개

 68~79일

 길이 - 119~140밀리미터,
너비 - 78~85밀리미터

♀♂ 암컷과 수컷이 함께

1:1

검은 날개를 단 흰 새가 바다 위 하늘을 소리 없이 떠다니고 있어요. 잠시 세상을 구경하며 먹이를 사냥하다 보면 금세 의무를 완수할 때가 오지요. 가정을 꾸린다는 즐거운 의무 말이에요. 나그네앨버트로스는 자기 알을 세상에서 가장 소중하고 사랑스럽게 여기는 열성적인 양육자예요. 이 새의 알은 길이가 14센티미터 정도로 길쭉하고 하얀색에 가깝지만 중간에 군데군데 짙은 색 얼룩무늬가 있어요. 황토색이나 불그스름한 색, 혹은 대리석 무늬일 수도 있답니다.

앨버트로스의 먹이

앨버트로스는 수면 위에서 사냥을 하지만
가끔은 먹이를 쫓아 물속으로 들어가기도 해요.
앨버트로스가 특히 좋아하는 먹이는 다음과 같습니다.

새우

헌신적 육아

앨버트로스 부부는 평생 일부일처제를 고수하며 12마리 정도의 새끼를 낳아 키워요. 알을 품는 일도 교대로 하고요. 암컷이 10일간 알을 품고 있으면 수컷이 하늘을 날아다니며 먹이를 구해 오고, 그다음엔 서로 역할을 바꿔요. 알이 부화할 때까지 계속 이렇게 지내지요. 알을 깨고 새끼가 나오면 그 뒤로 1년 동안 돌본답니다. 앨버트로스는 조류 중에서 가장 육아 기간이 깁니다.

서식지

앨버트로스 둥지는 남극해의 섬들과 남반구 대륙에서 주로 찾아볼 수 있어요. 알을 품지 않을 때면 앨버트로스는 남반구 바다 곳곳을 자유로이 날아다닌답니다.

알 품기

앨버트로스는 외동아이를 위해 땅 위에 이끼, 풀잎, 잔가지, 진흙으로 둥지를 만들어요. 앨버트로스는 사교적인 동물이기 때문에 여러 마리가 한자리에 둥지를 짓지요. 그러다 보면 바닷가 전체가 앨버트로스 마을이 되기도 해요.

둥지는 너비가 1미터, 높이가 0.5미터나 돼요.

← 앨버트로스의 키는 1미터, 무게는 6킬로그램에서 12킬로그램 정도예요.

둥지는 원뿔과 → 비슷한 모양이에요.

게

작은 물고기

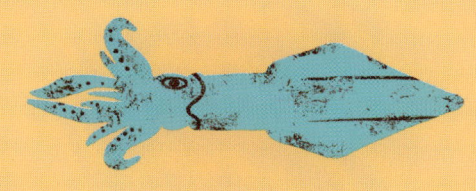

오징어와 문어

남섬갈색키위
Apteryx australis

길이가 15센티미터에 이르는 부리

땅딸막한 몸통

매끈하고 하얀 알

모피 같은 깃털

1:1

세상에서 가장 신기한 알은 뉴질랜드의 오래된 삼림과 초원에 숨겨져 있습니다. 수많은 수수께끼를 간직한 새, 남섬갈색키위가 이곳에 살고 있거든요. 이 새의 알은 길쭉하고 표면이 매끄러워요. 게다가 크기는 어찌나 큰지 불쌍한 어미 새가 알을 낳으려면 엄청나게 고생해야 해요. 키위는 벌새와 함께 성체에 비해 큰 알을 낳는 새거든요! 크기가 어미 몸집의 4분의 1이나 되는 알이 부화하고 긴 부리를 지닌 털투성이 새끼가 나올 때까지 80일이나 걸린대요.

 1년에 여러 번, 1개

 75~80일

 길이 - 115~137밀리미터, 너비 - 73~87밀리미터

 수컷이 알을 품어요.

둥지

키위가 그토록 신비한 새로 여겨지는 이유는 둥지가 좀처럼 눈에 뜨이지 않기 때문이에요. 키위 둥지는 땅굴 깊은 곳에 잘 숨겨져 있거든요. 암컷과 수컷은 알을 낳기 한참 전에 함께 땅굴을 파지요. 암컷이 푹신한 양치류 잎 쿠션 위에 분필처럼 새하얀 알을 낳으면 양치류와 이끼가 무성히 자라서 땅굴 입구를 가려 줘요.

길쭉한 둥지 ↓

→ 땅굴은 나무뿌리 사이나 줄기 아래에 숨겨져 있어요.

키위의 육아

키위를 직접 보기는 어렵지만 울음소리는 쉽게 들을 수 있어요. 짝짓기 철이면 서로 구애하는 소리가 숲 전체에 울려 퍼지거든요. 수컷 둘이 암컷 하나를 놓고 싸우는 소리는 또 어떻고요. 수컷 키위들은 부리로 서로 밀어제치고 티격태격 쫓고 쫓기며 숲속을 돌아다녀요. 조류 학자들은 키위가 일부일처제 생활을 한다고 생각해 왔지만 최신 연구 결과에 따르면 그렇진 않은가 봐요. 키위 수컷이 자기 것이 아닌 알을 돌볼 때가 있거든요. 자기 알과 차별하지 않고 양치류 잎을 깔아 따뜻하게 품어 주며 정성스럽게 보살핀답니다.

키위의 후각

키위는 눈이 거의 보이지 않아요. 낮에도 깜깜한 어둠 속에서 사는 셈이지요. 이 때문에 키위는 특이하게 시각이 아니라 후각에 의존한답니다. 냄새로 길을 찾아내고 숨어 있는 곤충이나 애벌레를 잡아먹을 수 있어요. 긴 부리 끝에 콧구멍이 있기 때문이지요.

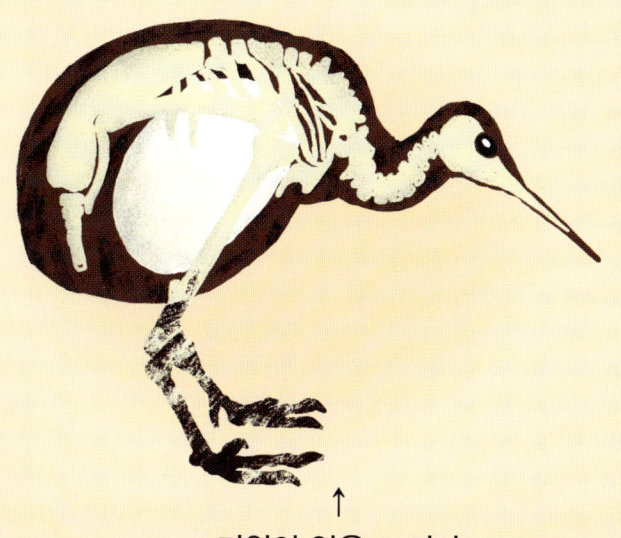

↑ 키위의 알은 크기가 어미 몸집의 4분의 1이나 돼요.

서식지

키위는 뉴질랜드에 살아요. 날지 못하는 새 중에서 유일하게 야행성이라서 밤이 되면 땅굴 밖으로 나온답니다.

59

큰화식조
Casuarius casuarius

1:1

→ 머리 위에 뼈로 된 뿔이 있어요.

↑ 튼튼한 다리

↑ 새끼는 줄무늬가 있어요.

화식조의 짝짓기

화식조는 가정생활을 즐기는 동물이 아니에요. 그래서 암컷과 수컷은 짝짓기를 할 무렵에만 만나지요. 수컷은 목에 달린 살덩이를 부풀려 울음소리를 내며 암컷 주위를 맴돌아요. 몸집이 크고 화려한 암컷이 수컷의 공연을 마음에 들어 하면 짝짓기가 이루어져요. 그러고 나면 암컷은 수컷이 만들어 놓은 둥지에 완두콩처럼 초록색인 알을 3개에서 6개 낳지요. 둥그스름한 알은 길이가 15센티미터에 이르고 표면이 올록볼록하게 튀어나와 있는데, 동물의 알 중에서도 유난히 독특하고 아름다워요.

 3~6개

 47~61일

 길이 - 127~151밀리미터, 너비 - 86~100밀리미터

 수컷이 혼자 돌봐요.

먹이

화식조는 주로 나무 열매를 먹어요. 무려 75가지 나무의 열매를 따 먹은 다음 씨앗과 껍질은 대변으로 배출하지요. 그러면 대변에서 싹이 돋고 나무가 자라 화식조가 좋아하는 열매가 더 많이 열린답니다.

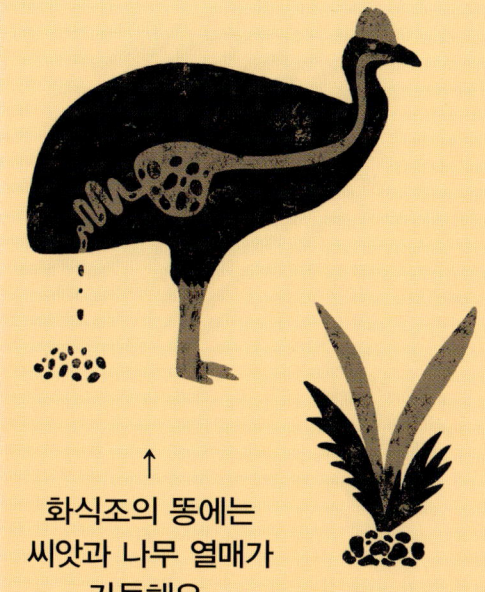

↑ 화식조의 똥에는 씨앗과 나무 열매가 가득해요.

← 똥에서 싹이 돋아나기도 해요.

아빠의 육아

터키석 같은 초록색 알에서 줄무늬 새끼가 나오면 세심한 아빠 화식조는 9달 동안 육아에 전념해요. 새끼들에게 먹이를 구해 주고 추운 밤이면 따뜻하게 감싸 주면서 눈을 떼지 않고 지켜보지요. 지금은 아빠의 보호가 필요한 꼬마들이지만 다 자라면 세계에서도 손꼽히게 무서운 새가 된답니다. 발차기 한 번으로 개나 말, 심지어 인간도 죽일 수 있어요. 화식조에게는 튼튼한 다리와 특별히 치명적인 가운데 발톱이 있거든요. 이 발톱은 길이가 12센티미터에 이르고 칼날처럼 날카로워요.

둥지

암컷의 육아 분담은 알을 낳는 걸로 끝이에요. 알과 새끼를 돌보는 일은 전부 수컷 몫이지요. 동그란 알들을 품고 앉아 있어야 하는 수컷은 정성을 다해 편안한 둥지를 준비해요. 들판의 무성한 수풀과 덤불 속에 숨겨진 얕은 구덩이 안에 풀과 잔가지, 양치류 잎을 두툼하게 깔아 놓지요. 가장 중요한 건 54일 동안 계속 앉아 있을 만큼 둥지가 편해야 한다는 사실이에요! 수컷은 그동안 절대 알 위를 떠나지 않고 이리저리 뒤집어 가며 따뜻하게 품어 주거든요.

← 알은 둥그스름하고 표면이 까슬까슬해요.

← 풀, 나뭇잎, 잔가지 깔개 위에 알을 낳아요.

서식지

화식조는 몸집이 크지만 보기 어려운 새예요. 파푸아뉴기니, 인도네시아 스람섬과 아루 제도, 오스트레일리아 케이프요크반도의 깊은 숲속에 숨어 살거든요.

타조
Struthio camelus

1:1

타조는 세계에서 가장 빠른 새예요.

- 1년에 1~2번, 20개씩
- 35~45일
- 길이 - 127~175밀리미터, 너비 - 111~145밀리미터
- 밤에는 수컷, 낮에는 암컷이 돌봐요.

타조알

타조알은 모든 동물의 알 중에서도 특별하답니다. 세계에서 가장 큰 알이니까요. 할머니의 고급 도자기 그릇 세트처럼 반짝이지만, 자세히 들여다보면 올록볼록하고 얼룩도 있어서 꼭 골프공 같아요. 다리가 길쭉한 수컷 타조는 키가 3미터에 이르고 무게는 150킬로그램까지 나가니 거인이 따로 없지요. 그러니 타조가 세계에서 가장 큰 알을 낳는다는 사실도 놀랍지 않아요. 타조의 몸집과 비교하면 너비 14센티미터, 길이 18센티미터의 알 정도는 가장 작은 새인 벌새의 알과 그리 다를 바 없거든요!

서식지

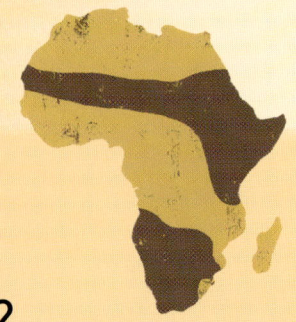

아프리카사자

톰슨가젤

일런드

키가 3미터까지 자라기도 해요.
↓

↑
알은 크림색이에요.

↑
반짝거리는 표면에 주름이 잡혀 있어요.

얼룩무늬 새끼

자연 상태에서는 타조알 중 90퍼센트 정도가 파괴돼요. 둥지를 잘 지키지 않으면 포식자에게 전부 잡아먹히고 말지요. 알에서 나온 얼룩무늬 새끼에게도 많은 위험이 도사리고 있어요. 일단 새끼가 부화하면 수컷의 고생이 시작됩니다. 아이들을 가르치고 보호할 뿐만 아니라 물가로 데려가고 먹이도 갖다주어야 하거든요. 다행히 수컷 타조는 몸집이 커서 주변을 잘 둘러보다가 위험을 감지하면 일찌감치 가족을 데리고 도망갈 수 있어요.

타조 가족

타조의 육아는 쉽지 않아요. 고운 모래 둑으로 둘러싸인 좁은 구덩이 하나에 암컷 6마리 정도가 함께 알을 낳지요. 우두머리 암컷이 8개쯤을 낳고 나머지는 서너 개씩 낳아요. 둥지에 알이 너무 많아서 커다란 타조의 몸으로도 전부 품기 어려울 때가 있어요. 밤에는 수컷이 알을 돌보고 낮에는 암컷이 알을 품어요. 밤이 쌀쌀한 계절이면 타조 깃털은 완벽한 솜이불이 되어요.

무리를 지어 살아요

아프리카 초원에서 사는 생활은 여러모로 위험해요. 천적에게서 숨을 곳도 없기 때문에 같은 동물끼리 무리를 지어 다니면서 위험이 생기면 서로 경고해 주지요.

타조   얼룩말   아프리카코끼리

63

이 책의 한국어판 저작권은 Icarias Agency를 통해 Albatros Mediad와 독점 계약한 북스토리(주)에 있습니다.

Translated from Original: **All About The Egg**
© Designed by B4U Publishing,
member of Albatros Media Group, 2019
Author: Markéta Nováková, Eva Bártová, Blanka Sedláková
Illustrator: Matěj Ilčík
www.albatrosmedia.eu
All rights reserved.

Korean translation Copyright © 2020 Bookstory
Arranged through Icarias Agency, Seoul

이 책의 한국어판 저작권은 Icarias Agency를 통해 Albatros Mediad와 독점 계약한 북스토리(주)에 있습니다.
저작권법에 의하여 한국 내에서 보호를 받는 저작물이므로 무단전재와 무단복제를 금합니다.

마르케타 노바코바 글
체코 작가로 아름다운 이야기와 삽화로 가득한 어린이 독자를 위한 책을 구상하고 집필하고 있습니다.

에바 바르토바 글
어릴 때부터 동화, 전설, 성경 이야기를 즐겨 읽었습니다. 체코의 초등학교에서 아이들을 가르치면서 늘 어린이를 위한 이야기를 쓰고 삽화를 그리려고 노력합니다.

블란카 세들라코바 글
체코에서 태어나 평생을 고향에서 살고 있으며 유치원 선생님이 되어 날마다 어린 탐험가들과 멋진 모험을 떠납니다.

마테이 일치크 그림
슬로바키아에서 태어났고, 지금도 그곳에 살면서 작품 활동을 하고 있습니다. 그래픽 디자이너로도 활동하며 동물과 자연에 대한 사랑을 그림으로 표현하고 있습니다.

신소희 옮김
서울대학교 국어국문학과를 졸업하고 출판 편집자 및 번역가로 활동 중입니다. 《세계 예술 지도》, 《피너츠 완전판》, 《캘빈과 홉스》 등을 번역했습니다.

신기한 알 사전 (원제 : All About The Egg)

1판 1쇄 2023년 7월 10일

지은이 마르케타 노바코바, 에바 바르토바, 블란카 세들라코바
그린이 마테이 일치크
옮긴이 신소희

발행인 주정관
발행처 북스토리㈜
주　소 서울시 마포구 양화로7길 6-16 서교제일빌딩 201호
대표전화 02-332-5281
팩시밀리 02-332-5283
출판등록 1999년 8월 18일 (제22-1610호)
홈페이지 www.ebookstory.co.kr
이 메 일 bookstory@naver.com

ISBN 979-11-5564-305-1 74400
　　　979-11-5564-304-4 (세트)

※잘못된 책은 바꾸어드립니다.